《江西省旅游者权益保护条例》
释 义

《〈江西省旅游者权益保护条例〉释义》编委会 编著

江西人民出版社

编委会组成人员

编委会主任： 池　红

编委会副主任： 陈晓平　丁新权

编委会成员： 邓泽洲　黄立虎　方桂梅

　　　　　　　　刘晓军　张爱辉　万　波

　　　　　　　　李志强　曹国新　曾本珺

目 录

上篇

江西省第十三届人民代表大会常务委员会公告 …………… 3

江西省旅游者权益保护条例 …………………………………… 4

《江西省旅游者权益保护条例》释义 ………………………… 20

在贯彻实施《江西省旅游者权益保护条例》新闻发布会上的讲话

江西省人大常委会副主任　朱虹 ………………………… 119

在贯彻实施《江西省旅游者权益保护条例》新闻发布会上的讲话

江西省人民政府副省长　吴忠琼 ………………………… 124

在贯彻实施《江西省旅游者权益保护条例》新闻发布会上的讲话

江西省文化和旅游厅厅长　池红 …………………………… 128

下篇

中华人民共和国消费者权益保护法 …………………………… 135

中华人民共和国旅游法 ………………………………………… 152

导游人员管理条例 ……………………………………………… 178

江西省旅游条例 ………………………………………………… 183

江西省人民政府办公厅关于进一步加强旅游市场综合监管的通知

……………………………………………………………………… 205

后　记 …………………………………………………………… 214

上 篇

江西省第十三届人民代表大会常务委员会公告

第 46 号

《江西省旅游者权益保护条例》已由江西省第十三届人民代表大会常务委员会第十六次会议于 2019 年 11 月 27 日通过,现予公布,自 2020 年 1 月 1 日起施行。

江西省人民代表大会常务委员会
2019 年 11 月 27 日

江西省旅游者权益保护条例

(2019 年 11 月 27 日江西省第十三届人民代表大会常务委员会第十六次会议通过)

目　录

第一章　总则

第二章　旅游者的权利

第三章　旅游经营者的义务

第四章　监督管理

第五章　争议的解决

第六章　法律责任

第七章　附则

第一章 总 则

第一条 为了保护旅游者的合法权益,根据《中华人民共和国旅游法》《中华人民共和国消费者权益保护法》等有关法律、行政法规的规定,结合本省实际,制定本条例。

第二条 在本省行政区域内开展旅游活动,旅游者合法权益的保护适用本条例。

第三条 县级以上人民政府应当加强对旅游者合法权益保护工作的领导,建立协调机制,研究解决旅游者合法权益保护中的重大问题。

县级以上人民政府文化和旅游主管部门负责旅游者合法权益保护工作的统筹协调,并依照法定职责负责旅游者合法权益保护的有关监督管理。

县级以上人民政府市场监督管理、交通运输、卫生健康、应急管理、生态环境、公安、住房和城乡建设、林业等部门,应当按照各自职责做好旅游者合法权益的保护工作。

第四条 旅游经营者应当依法经营,遵循自愿、平等、公平、诚信的原则,不得损害旅游者的合法权益。

旅游者在旅游活动中应当遵守社会公共秩序和社会公德,尊重当地的风俗习惯、文化传统和宗教信仰,爱护旅游资源,保护生态环境,遵守旅游文明行为规范。

第五条 依法成立的旅游行业组织应当制定行业规范,实行自律管理,组织开展职业道德教育和业务培训,推动旅游业诚信建设,依法维护公平竞争秩序,维护旅游者的合法权益。

第六条 各级人民政府及有关部门、新闻媒体,应当加强旅游宣传教育,营造旅游者合法权益保护的良好氛围。

鼓励、支持一切组织和个人依法对损害旅游者合法权益的行为进行社会监督。

第七条 县级以上人民政府文化和旅游主管部门加强跨区域合作,建立区域间双向互动旅游权益保障机制,维护区域内外旅游者的合法权益。

第二章 旅游者的权利

第八条 旅游者在购买旅游产品、接受旅游服务时,享有人身、财产安全不受侵害的权利;旅游者有权要求旅游经营者提供的产品和服务符合人身和财产安全要求。

旅游者因购买旅游产品或者接受旅游服务受到人身、财产损害的,享有依法获得赔偿的权利。

旅游者在人身、财产安全遇到危险时,有权请求旅游经营者、当地人民政府和有关机构进行及时救助。

第九条 旅游者有权知悉旅游经营者的资质,有权知悉其购买的旅游产品和服务的真实、完整情况。

第十条 旅游者有权自主选择旅游经营者和服务方式、旅游产品和服务,有权拒绝旅游经营者的强制交易行为,有权自主决定购买人身意外伤害保险。

第十一条 旅游者在购买旅游产品或者接受旅游服务时,有权获得质量保障、计量正确、明码标价、价格合理等公平交易条件。

第十二条 旅游者在购买旅游产品或者接受旅游服务时,享有人格尊严、民族风俗习惯和宗教信仰受尊重的权利,享有个人信息和隐私依法得到保护的权利。

第十三条 旅游者有权投诉、举报旅游经营者及其从业人员的违法、违规、违约以及违背社会公德、职业道德的行为;有权检举、控告国家机关及其工作人员在保护旅游者合法权益工作中的违法失职行为;有权对保护旅游者权益工作提出批评、建议。

第十四条 残疾人、老年人、未成年人、现役军人、消防救援人员、全日制在校学生等,在旅游活动中依照法律、法规和本省有关规定享受便利和优惠。

第十五条 旅游者享有获得有关旅游消费和旅游者权益保护方面的知识的权利。

第三章 旅游经营者的义务

第十六条 旅游经营者提供旅游产品或者服务,应当符合相关的法律、法规和国家强制性标准的要求。鼓励旅游经营者采用国家推荐性标准和旅游行业标准。

旅游经营者应当向旅游者介绍旅游产品或者服务,告知旅游者在旅游活动中可能存在的风险。旅游经营者与旅游者有约定的,应当按照约定履行义务,但约定的内容不得违背法律、法规的规定,不得违背公序良俗。

第十七条 旅行社为旅游者提供旅游产品和服务,应当依法与旅游者订立合同。

包价旅游合同应当采用书面形式。合同应当明确约定行程安排、服务项目、服务标准、服务价格、违约责任等事项。涉及旅游者自行付费的项目,应当以醒目的方式标注,并在合同中约定。

鼓励旅行社和旅游者使用国家推荐的合同示范文本。

第十八条 旅行社不得以不合理低价组织旅游活动。旅行社确因促销活动,提供低于正常接待和服务成本旅游服务的,应当明示低价理由、起止时间和低价数量,并不得通过安排购物或者另行付费旅游项目获取回扣等不正当利益。

旅游过程中,导游、领队人员不得诱导、欺骗、胁迫或者变相胁迫旅游者购物,不得擅自变更旅游线路、增减景点;临时增加购物场所、付费项目或者变更旅游线路、增减景点的,应当经全体旅游者书面同意。

第十九条 旅游景区应当公布景区主管部门核定的游客最大承载量,发布景区即时游客量。旅游景区达到最大游客承载量百分之八十时,应当发布旅游景区承载量预警信息,及时向当地人民政府报告。旅游者数量可能达到最大承载量时,旅游景区和当地人民政府应当及时采取分散、疏导等措施。

旅游景区在节假日期间或者部分游览区实行分时段预约参观的,应当提前十五日向社会公布。

对于未开放的区域和经营项目,旅游景区应当以明示的方式事先向旅游者作出说明或者警示。

第二十条　旅游景区应当完善安全、卫生等相关设施,健全导览图、安全警示标志等必要标识系统,公布投诉电话,配套必要的医疗、救护设施和医护服务。游览设施应当符合国家相关技术标准。旅游景区经营者应当定期对景区内的游览设施进行安全检查并做好检查记录,发现问题及时处理。

鼓励旅游景区利用语音导览设备、电子地图、手机自助导游等现代科技手段,提供游览引导、讲解服务。

第二十一条　旅游景区、景点展示革命历史、革命文化和革命事迹应当主题鲜明,尊重史实。

红色旅游景区、景点为旅游者提供展陈游览、景观游览、体验游览、游览解说等服务,应当传承和弘扬红色文化、红色精神,不得虚构历史、杜撰故事。

第二十二条　旅游饭店为旅游者提供的客房、餐饮、洗衣、电话、付费电视及其他服务项目应当明码标价。

旅游者通过网络或电话等途径预定客房的,旅游饭店应当按照预定要求作出安排。因旅游饭店原因致使旅游者不能入住的,旅游饭店应当按不低于预定标准就近安排好旅游者住宿,所产生的额外费用由旅游饭店承担;旅游者要求退订的,旅游饭店应当全额退订。

旅游饭店应当设置与经营规模相适应的卫生设施,按照有关卫生标准和规范进行清洗、消毒、保洁。

旅游饭店应当排查饭店内安全隐患,发现安全隐患应当及时处置,防止旅游者人身、财产安全受到侵害。

旅游饭店应当加强对饭店内旅游者个人隐私的保护,防止旅游者个人隐私受到侵害。

第二十三条 从事旅游民宿、家庭旅馆经营的,应当办理注册登记,并符合法律法规和国家规定对治安、消防、食品安全、卫生等方面的相关要求。旅游民宿、家庭旅馆经营者应当按照国家规定配置消防设施、器材,确保疏散通道、安全出口畅通。

从事旅游民宿、家庭旅馆经营的,应当诚信经营,收费项目应当明码标价。

第二十四条 从事旅游餐饮的,其经营的菜品、食品、酒水等应当明码标价,并以明确的方式预先告知旅游者。不得采用时价、面议等方式模糊价格。提供加工服务并收费的,应当标示服务内容、收费标准。需要收取的所有费用应当事先告知旅游者,由旅游者自愿选择,不得进行价格欺诈。

第二十五条 从事旅游饭店、旅游餐饮、旅游民宿、家庭旅馆经营的,其从业人员应当经过相应的卫生、服务培训并达到相应的健康标准。

第二十六条 从事旅游交通运输的营运企业应当具备相应资质。承担旅游运输的客运车辆、船舶,应当投保法定的强制保险,符合保障人身、财产安全的要求,配备具有相应资质的驾驶员、船员和具有行驶记录功能的卫星定位装置、座位安全带、消防、救生等安全设施设备,并在醒目位置设置旅游咨询和投诉电话的中外文标识。

第二十七条　旅游购物场所应当证照齐全,在醒目位置标明旅游咨询和投诉电话。购物场所应当安装内外全景、购物全过程的视频监控系统,视频监控信息记录保存时间不少于三十日。

旅游购物场所经营者应当向旅游者提供发票等购货凭证。

第二十八条　以俱乐部、车友会、协会等形式经营自驾、徒步、骑行等旅游业务的,应当依法取得旅行社经营资质,并与旅游者签订书面协议,制定相应应急预案。

旅游者自发组织自驾、徒步、骑行等旅游活动的,召集者、组织者应当具备必要的导向与联络、应急与救护等工具和设备,并告知可能危及旅游者人身、财产安全的注意事项。

第二十九条　经营潜水、漂流、摩托艇、水上拖曳伞、低空飞行、过山车、蹦极以及其他高风险旅游项目的,应当按照国家有关规定取得经营许可。

高风险旅游项目经营者对项目存在的风险及安全防范等有关事项,应当以明示的方式事先向旅游者作出说明或者警示,按照有关规定投保相关责任保险,同时提示旅游者可以投保人身意外伤害保险。

旅游经营者应当对参与高风险旅游项目的旅游者进行相应的安全培训。

第三十条　研学旅行主办者、承办者和供应者应当按照国家有关规定制定安全管理制度,采取有效安全措施,配备必要安全人员,随团开展安全教育和防控工作。

旅行社承办研学旅行的,应当为依法注册的旅行社,且连续三年内无重大质量投诉、不良诚信记录、经济纠纷及重大安全责任事故。

研学旅行主办者不得安排高空、高速、水上、潜水、探险等高风险旅游项目。

第三十一条 提供老年旅游服务的经营者,应当对老年旅游存在的潜在风险、老年旅游者的身体健康要求等做好安全提醒。旅行社组织、接待老年旅游团,应当配备具有紧急物理救护等业务技能、了解一般医疗常识、具有至少三年导游从业经验的领队或者导游,并选择适合老年旅游者身体条件、适宜老年旅游者的旅游景点和游览、娱乐项目,不得安排高风险或者高强度的旅游项目。

第三十二条 旅游经营者在网络交易第三方平台为旅游者提供交通、住宿、餐饮、游览、娱乐等代订服务的,选择的服务提供者应当具有相应资质,旅游产品和服务信息应当真实、准确。

网络交易第三方平台提供者为旅游经营者提供交易服务的,应当对其进行实名登记,审查旅游产品和服务信息的真实性,并进行公布。发现旅游经营者严重违法行为的,应当立即停止对其提供网络交易平台服务,并报告其注册地文化和旅游主管部门。

第三十三条 本省行政区域内的旅游搜索引擎提供者为旅行社及其旅游产品提供付费搜索信息服务的,应当核实相关信息,保证其真实、准确,对付费搜索信息逐条加注显著标识。

第三十四条 旅游经营者及其从业人员不得有下列行为：

（一）向旅游者提供的旅游服务信息含有虚假内容或者作虚假宣传；

（二）假冒其他旅游经营者的注册商标、品牌或者质量认证标志，冒用其他旅游经营者的名义从事经营活动；

（三）不履行与旅游者的合同义务或者不按合同约定履行；

（四）以不公平、不合理的格式条款、通知、声明、店堂告示等方式限制旅游者权利或者减免旅游经营者的义务；

（五）向旅游者提供的旅游服务质价不符；

（六）强行滞留旅游团队或者在旅途中甩团、甩客；

（七）诱导、胁迫、欺骗旅游者购买商品、接受服务，或者向旅游者索取额外费用；

（八）以营利为目的，未经旅游者同意，擅自拍摄旅游者照片，或者在旅游景点设置影响旅游者游览和自由摄影的设施；

（九）在讲解、介绍中掺杂庸俗下流的内容，谩骂、讽刺、侮辱旅游者，以及不尊重旅游者的宗教信仰和民族风俗习惯；

（十）擅自泄露旅游者个人信息；

（十一）其他损害旅游者合法权益的行为。

第四章 监督管理

第三十五条 县级以上人民政府应当建立旅游市场综合监管制

度,健全信息汇集、及时研判、综合调度、快速反应、高效处置的工作机制。

县级以上人民政府文化和旅游主管部门应当推进智慧旅游发展,建立旅游信息服务体系,向旅游者提供旅游景区、线路、交通、气象、客流量预警、餐饮、住宿、购物、医疗急救等旅游信息和咨询服务;建立旅游安全监管体系,加强旅游者权益保护。

第三十六条 县级以上人民政府应当组织编制旅游突发事件应急预案、开展应急演练。突发事件发生时,设区的市和县级人民政府及其有关部门应当立即启动应急预案,采取相应措施。

县级以上人民政府应急管理等部门应当按照职责组织开展旅游突发事件应急救援工作,监督、指导和协调有关部门开展旅游安全监督管理工作。

县级以上人民政府文化和旅游部门、应急管理、公安、消防救援、卫生健康、市场监督管理、交通运输、气象等部门,应当按照各自职责在重大节庆、假日、赛事、会展等活动期间和台风、暴雨等气象灾害期间,组织对旅游安全开展重点检查。必要时,依法向社会发布旅游安全警示。

第三十七条 县级以上人民政府相关职能部门依法对旅游经营者和旅游从业人员的旅游经营行为实施监督检查时,有权对涉嫌侵害旅游者合法权益的合同、票据、账簿以及其他相关资料进行查阅、复制。

第三十八条 县级以上人民政府应当推进旅游业诚信体系建设,将旅游经营者的身份信息、警示信息、良好信息和违法信息等信用信息归集至公共信用信息平台,并向社会公开。对严重违法失信的旅游经营者和从业人员,按照国家规定列入旅游市场黑名单管理,并予以联合惩戒。

县级以上人民政府文化和旅游主管部门及有关部门可以根据旅游经营者的信用状况,实行分级分类管理,对有不良信用记录的旅游经营者进行重点管理。

第三十九条　县级以上人民政府文化和旅游主管部门应当建立以旅游者满意度为核心的旅游质量评价制度,推进旅游服务标准化建设,加强旅游新业态和产业融合类旅游服务标准的制定和推广,完善旅游质量动态监督管理机制和社会监督机制。

第四十条　县级以上人民政府应当指定或者设立统一的旅游投诉受理机构,公布旅游投诉监督电话和网站等信息。

县级以上人民政府旅游投诉受理机构应当自接到投诉之日起三个工作日内作出受理或者不予受理的决定。投诉受理属于职权范围内的,应当及时进行处理;不属于职权范围内的,受理后当日内移交相关职能部门处理。不予受理的,应当及时告知投诉者不予受理的理由。

相关职能部门应当自投诉受理之日起七个工作日内作出处理决定,并反馈旅游投诉受理机构。情况复杂的,经本部门负责人批准可以延长,但最长不得超过三十日。法律另有规定的从其规定。旅游投诉受理机构应当统一将处理情况向旅游者反馈。

第四十一条　负责许可的部门应当加强对潜水、漂流、摩托艇、水上拖曳伞、低空飞行、过山车、蹦极等高风险旅游项目的安全监督管理。法律、法规未明确规定安全监督管理部门的,由高风险旅游项目所在地县级以上人民政府确定。

第五章　争议的解决

第四十二条　旅游者与旅游经营者及其从业人员发生旅游者权益争议的,可以通过下列途径解决:

(一)双方协商和解;

(二)向旅游投诉受理机构、相关消费者保护机构或者有关调解组织请求调解;

(三)根据双方的仲裁协议提请仲裁机构仲裁;

(四)向人民法院申请诉前调解或者提起诉讼。

第四十三条　县级以上人民政府文化和旅游主管部门应当与公安、人民法院等建立行政执法与司法协作机制。在重要旅游景区及游客集散地,可以设立旅游法庭、警务室,快速处理旅游纠纷或者审理旅游案件,保障旅游者合法权益。

在重要旅游景区及游客集散地,可以设立由人民调解员、旅游协会成员、志愿者等组成的旅游调解委员会,及时化解旅游纠纷矛盾。

第四十四条　各设区的市、县级人民政府应当建立先行赔付制度,设立旅游专项理赔金,并指定旅游专项理赔金管理机构。

旅游者在旅游购物场所购买商品后,认为商品不合格或者存在质价不符情形,三十日内要求退货,旅游经营者拒绝退货的,由专项理赔金先行赔付。专项理赔金管理机构代为赔付后,有权依法向负有责任的旅游经营者追偿。先行赔付具体办法由设区的市、县级人民政府制定,并明确旅游购物场所的范围。

第四十五条 旅游者在网络交易第三方平台购买旅游产品或者旅游服务,其合法权益受到损害的,可以依法向旅游经营者要求赔偿。网络交易第三方平台提供者不能提供旅游经营者的真实名称、地址和有效联系方式的,旅游者也可以向网络交易第三方平台提供者要求赔偿;网络交易第三方平台提供者作出更有利于旅游者的承诺的,应当履行承诺。网络交易第三方平台提供者赔偿后,有权向旅游经营者追偿。

网络交易第三方平台提供者明知或者应知旅游经营者利用其平台侵害旅游者合法权益,未采取必要措施的,依法与该经营者承担连带责任。

第四十六条 旅游者、旅游经营者、旅游从业人员、旅游行业组织等发现网络信息搜索结果含有虚假信息的,有权要求旅游搜索引擎提供者采取更正、删除、屏蔽或者断开虚假信息链接等必要措施,或者向文化和旅游主管部门和其他有关部门举报。旅游搜索引擎提供者未采取必要措施停止提供相关搜索结果,造成旅游者合法权益受到损害的,依法承担相应责任。

第四十七条 旅行社诱导、欺骗旅游者购物或者未经全体旅游者书面同意安排购物的,旅游者可以在旅游行程结束之日起三十日内要求旅行社办理退换货,也可以向专项理赔金管理机构申请赔付;对旅游者造成损失的,旅游者可以要求旅行社先行赔偿。

未经全体旅游者书面同意,导游在旅游行程中擅自增加另行付费旅游项目或者以就餐、接受检查等名义变相增加购物场所的,由旅行社按照前款规定承担赔偿责任。

第六章　法律责任

第四十八条　县级以上人民政府及其文化和旅游、市场监督管理、交通运输、卫生健康、应急管理、生态环境、公安、住房和城乡建设、林业等部门的工作人员滥用职权、玩忽职守、徇私舞弊的,依法予以处分。

第四十九条　旅行社违反本条例规定,进行虚假宣传,误导旅游者的,由文化和旅游主管部门或者有关部门责令改正,没收违法所得,并处五千元以上五万元以下罚款;违法所得五万元以上的,并处违法所得一倍以上五倍以下罚款;情节严重的,责令停业整顿或者吊销旅行社业务经营许可证;对直接负责的主管人员和其他直接责任人员,处二千元以上二万元以下罚款。

第五十条　违反本条例规定,旅行社通过安排购物或者另行付费旅游项目获取回扣等不正当利益的,由文化和旅游主管部门责令改正,没收违法所得,责令停业整顿,并处三万元以上三十万元以下罚款;违法所得三十万元以上的,并处违法所得一倍以上五倍以下罚款;情节严重的,吊销旅行社业务经营许可证;对直接负责的主管人员和其他直接责任人员,没收违法所得,处二千元以上二万元以下罚款,并暂扣或者吊销导游证。

第五十一条　违反本条例规定,导游、领队人员诱导、欺骗、胁迫或者变相胁迫旅游者购物的,由文化和旅游主管部门责令改正,处一千元以上三万元以下的罚款;有违法所得的,并处没收违法所得;情节严重的,由文化和旅游主管部门吊销导游证并予以公告;对委派该导游、领队人员的旅行社给予警告直至责令停业整顿。

第五十二条 违反本条例规定,旅游经营者利用虚假的或者使人误解的价格手段,诱骗旅游者或者其他旅游经营者与其进行交易的,由市场监督管理部门责令整改,没收违法所得,并处违法所得五倍以下的罚款;没有违法所得的,处五万元以上五十万元以下的罚款;情节严重的,责令停业整顿,或者由市场监督管理部门吊销营业执照。

第五十三条 违反本条例规定,法律、法规已有处罚规定的,从其规定。

第七章 附 则

第五十四条 本条例自2020年1月1日起施行。

《江西省旅游者权益保护条例》释义

第一章 总 则

本章作为《江西省旅游者权益保护条例》(以下简称《条例》)的总则,是对整部法规所作的概括性、纲领性、原则性规定,共七条,包括立法目的、立法依据、适用范围、旅游者权益保护区域合作、各级政府、有关部门、行业组织、社会等在旅游者权益保护工作中的职责和作用等内容。总则的目的是为了明确法规的基本要旨,并对法规其他章节的规定具有指导作用。

> 第一条 为了保护旅游者的合法权益,根据《中华人民共和国旅游法》《中华人民共和国消费者权益保护法》等有关法律、行政法规的规定,结合本省实际,制定本条例。

【释义】

◆本条是关于立法目的和立法依据的规定。

一、关于本法规的立法目的

旅游业作为现代服务业的重要组成部分,涉及面广、综合性强、带动作用大,对促进经济社会发展和人的全面发展具有举足轻重的作用。保护好旅游者权益,让旅游者"乐享旅游、放心旅游",才能促进江西省旅游业健康、持续、快速发展。当前江西省旅游市场还存在旅游经营不规范、零负团费、强迫购物、旅游服务质量参差不齐等情况,严重损害了旅游者的合法权益,在一定程度上影响了旅游业的良性发展和"江西风景独好"的品牌形象。特别是随着经济社会的发展,自驾游、徒步游、研学旅行等旅游新业态迅速兴起,旅游民宿、旅游网络交易平台等新兴经济体不断出现,对旅游市场秩序的管理和旅游者权益的保护带来了新的挑战。

为贯彻落实党的十九大精神和习近平总书记视察江西重要讲话精神,推动江西在加快革命老区高质量发展上做示范、在推动中部地区崛起上勇争先,描绘好新时代江西改革发展新画卷,江西旅游业必须担重任、做贡献。制定本条例,其根本目的就是要切实解决旅游者权益保护的痛点、难点,满足人民群众日益增长的优质旅游服务需求,为旅游者"热游江西"提供法治保障,助推旅游强省建设和旅游产业高质量发展。

二、关于本法规的立法依据

《条例》以《旅游法》《消费者权益保护法》以及《导游人员管理规定》等法律法规和国家政策为上位法依据,同时结合江西省旅游市场管理的成功经验,对《旅游法》《江西省旅游条例》没有规定或者规定不够具体的问题,比如研学旅行、自驾游、徒步游、骑行游经营、旅游网络经营、红色旅游等问题作出具体规定,增强法规的针对性和可操作性。

> **第二条　在本省行政区域内开展旅游活动,旅游者合法权益的保护适用本条例。**

【释义】

◆本条是关于法规适用范围的规定。

适用范围是指法规调整和规范的社会关系。每部法规都有其特定的调整对象和所要解决的问题。本条主要从两个方面做出了规范。

一是空间适用范围。明确《条例》的空间适用范围,是本条例最基本最重要的内容。《条例》所称"本省"是旅游管理中的地域管辖范围。首先,省内外旅游者在本省行政区域内开展旅游活动时,其合法权益保护适用本条例。其次,旅游活动以及为旅游活动提供相关服务的经营活动是在本省行政区域内组织开展的,旅游者合法权益的保护均适用本条例。

二是客体适用范围。即法规调整的法律关系。法律关系体现为法律主体之间的权利义务关系。本条例调整的客体范围为旅游者合法权益的保障中各方的权利和义务。

旅游者是开展旅游活动的自然人。旅游活动包括游览、度假、休闲等旅游活动,同时,也涵盖了其他形式的旅游活动,如娱乐、购物。所谓游览,是指对风景、名胜等的游玩、观赏。所谓度假,是指度过假日或者假期。所谓休闲,是指在工作或者学习之外的闲暇时间进行休息和放松。本条例调整的法律关系中,与旅游者相对应的是旅游经营者,即为旅游活动提供相关服务的经营活动者,如为旅游活动提供的交通、住宿、餐饮等服务。经营者提供服务的质量,直接关系到旅游者能否顺利、愉快地旅游,甚至能否旅游,关系到旅游者合法权益是否得到保障。旅游者合法权益人保障还涉及政府相关部门职责的履行,同样要适用本条例。

第三条 县级以上人民政府应当加强对旅游者合法权益保护工作的领导,建立协调机制,研究解决旅游者合法权益保护中的重大问题。

县级以上人民政府文化和旅游主管部门负责旅游者合法权益保护工作的统筹协调,并依照法定职责负责旅游者合法权益保护的有关监督管理。

县级以上人民政府市场监督管理、交通运输、卫生健康、应急管理、生态环境、公安、住房和城乡建设、林业等部门,应当按照各自职责做好旅游者合法权益的保护工作。

《江西省旅游者权益保护条例》释义

【释义】

◆本条是关于县级以上人民政府及其相关职能部门在旅游者权益保护方面职责的规定。

一、本条第一款规定了县级以上人民政府对旅游者合法权益保护的职责。

旅游活动涉及多个行业,涉及的管理部门也相对较多。一些工作部门在履行其职责时,也会涉及对旅游者权益的保护。由于各工作部门相互之间并无行政隶属关系,这就容易形成管理上的冲突和空白。为了更好、更有效地做好旅游者权益保护工作,保障旅游者权益,促进旅游业健康发展,条例明确了县级以上人民政府在保护旅游者权益方面的职责。政府要加强领导,建立部门间的工作协调机制,研究解决旅游者合法权益保护中的重大问题。

二、本条第二款规定了县级以上人民政府明确文化和旅游主管部门在旅游者权益保护方面的职责。

县级以上人民政府文化和旅游主管部门主要职责是负责旅游者合法权益保护工作的统筹协调,并依照法定职责负责旅游者合法权益保护的有关监督管理,从而使本行政区域内的各个工作部门形成合力,有力地促进旅游业的发展,有效地对旅游业进行监督管理。

三、本条第三款规定了县级以上人民政府市场监督管理、交通运输等主管部门在旅游者权益保护方面的职责。

旅游者权益保护体现在旅游者在开展旅游活动吃、住、行、游、购、娱的每个环节中,涉及食品安全、住宿安全、交通安全、消防安全、景区游览安全、旅游投诉处理等行政管理的各个方面,因此,本款规定,县级以上人民政府市场监督管理、交通运输、卫生健康、应急管理、生态环境、公安、住房和城乡建设、林业等部门,应当按照各自职责做好旅游者合法权益的保护工作。如市场监督管理部门加强对旅游购物中的质价不符的监管,交通部门加强严格按照国家有关规定对旅游运输市场规范经营进行监管,卫生健康部门加强旅游餐饮卫生、食品安全的监管等。

> **第四条** 旅游经营者应当依法经营,遵循自愿、平等、公平、诚信的原则,不得损害旅游者的合法权益。
>
> 旅游者在旅游活动中应当遵守社会公共秩序和社会公德,尊重当地的风俗习惯、文化传统和宗教信仰,爱护旅游资源,保护生态环境,遵守旅游文明行为规范。

【释义】

◆本条是关于旅游经营者在经营时应当遵循的原则和旅游者在旅游活动中应当履行义务的规定。

一、本条第一款是关于旅游经营者在经营时应当遵循的原则的规定。

旅游经营者和旅游者之间形成良性有序的法律关系,才能最大限度地保护旅游者合法权益。自愿、平等、公平、诚实信用的原则,是民事活动应当遵守的原则。经营者与旅游者进行交易,首先要求当事人在交易活动中必须遵守法律和行政法规,其次要维护交易自由,实现旅游者意志和交易目的的密切联系。经营者和旅游者的双方身份平等互不隶属,没有支配关系。旅行社、景区以及为旅游者提供交通、住宿、餐饮、购物、娱乐等服务的旅游经营者,在为旅游者提供服务时,要诚实、讲信用,与旅游者相互协作,而不得有欺诈或者其他违反诚实信用的行为。

二、本条第二款是关于旅游者在旅游活动中应当履行义务的规定。

提高旅游者的水平,是促进旅游业健康发展的另外一面,只有旅游业健康发展,旅游者的合法权益才能得到有效保障。因此,本条规定了旅游者在旅游活动中也应当履行相应的义务。

第一,遵守社会公共秩序和社会公德。所谓社会公共秩序,是指为维护社会公共生活所必需的秩序,主要包括生产秩序、工作秩序、营业秩序、交通秩序、娱乐秩序、公共场所秩序等。所谓社会公德,是指全体公民在社会交往和公共生活中应该遵循的行为准则,其主要内容是文明礼貌、助人为乐、爱护公物、保护环境、遵纪守法等。人类社会是由相互联系的人们组成的有机整体,社会公众共同利益的维护、人类社会的正常运行,都需要保持一定的秩序。人们的公共生活领域越大,对公共生活秩序化的要求就越高。旅游者在旅游活动中,其出行、住宿、餐饮、游览、购物、娱乐,都会涉及他人,涉及社会公共秩序。为维护良好的社会公共秩序,促进旅游活动稳定有序进行,本条要求旅游者在旅游活动中应当遵守社会公共秩序。社会公德涵盖了人与人、人与社会、人与自然之间的关系,在人与人之间关系的层面上,社会公德主要体现为举止文明、尊重他人;在人与社会之间关系的层面上,社会公德主要体现为爱护公物、遵守公共秩序;在人与自然之间关系的层面上,社会公德主要体现为热爱自然、保护环境。因此,社会公德对于维护公众利益、公共秩序,保持社会稳定,具有十分重要的作用。

第二,尊重当地的风俗习惯、文化传统和宗教信仰。所谓当地的风俗习惯,是指旅游者所到地的人们在长期的生产生活中形成的风尚、礼节、行为、倾向等。所谓当地的文化传统,是指由旅游者所到地的历史沿袭而来、与当地人们生产生活密切相关的风土人情、习俗习惯、生活方式、文学艺术、行为规范、思维方式、价值观念等。所谓当地的宗教信仰,是指旅游者所到地的人们对某种特定宗教的信奉和皈依。一个地方的风俗习惯、文化传统和宗教信仰,是当地人进行生产、生活活动的结晶,集中地反映了当地人们的精神、生活和经验,是否尊重当地的风俗习惯、文化传统和宗教信仰,往往被当地人看作是否对当地人的尊重。旅游者如果不尊重所到之地的风俗习惯、文化传统和宗教信仰,不仅容易引起争议和纠纷,还容易影响团结。

第三,爱护旅游资源。所谓旅游资源,是指自然界和人类社会中,能够对旅游者有吸引力、能激发旅游者的旅游动机,具备一定旅游功能和价值,可以为旅游业开发利用,并能产生经济效益、社会效益和环境效益的事物和因素,包括自然旅游资源,如地文景观、水域风光、生物景观、气候与天象景观等,以及人文旅游资源,如历史文物古迹、民族文化及其载体、宗教文化资源、城乡风貌、现代人造设施、饮食购物等。旅游资源是旅游业发展的前提,旅游资源受到破坏,旅游业的发展就必然受到影响,旅游者权益保护就无从谈起。因此,本条要求旅游者在旅游活动中爱护旅游资源。

第四,保护生态环境。所谓生态环境,是指影响人类与生物生存和发展的一切外界条件的总和。生态环境与人类密切相关,对人类的生存和发展有着长远的影响。而旅游者的游览、度假、休闲等旅游活动,与生态环境密切相关,旅游者的不当行为,会对生态环境造成破坏。为维护良好的生态环境,防止生态环境受到破坏,本条要求旅游者在旅游活动中保护生态环境。

第五,遵守旅游文明行为规范。目前,一些旅游者在旅游活动中的不文明行为,在国内外饱受诟病。为此,国家制定了《中国公民国内旅游文明行为公约》《中国公民出境旅游文明行为指南》等旅游文明行为规范,一些地方也制定了当地的旅游文明行为规范。对于这些旅游文明规范,旅游者在旅游活动中都应当遵守。

第五条 依法成立的旅游行业组织应当制定行业规范,实行自律管理,组织开展职业道德教育和业务培训,推动旅游业诚信建设,依法维护公平竞争秩序,维护旅游者的合法权益。

【释义】

◆本条是关于旅游行业组织在维护旅游者权益保护方面职责的规定。

保护旅游者权益是全社会共同责任,国家鼓励、支持一切组织和个人对损害旅游者合法权益的行为进行社会监督。所谓旅游行业组织,是指旅游行业的公民、法人或者其他组织在平等、自愿的基础上,为增进共同利益、实现共同意愿、维护合法权益,依法组织起来并按照其章程开展活动的非营利性、自律性的社会组织。

在市场经济条件下,市场的健康发展、有序运行,离不开政府的监督管理,同时,旅游行业组织对于进行自我约束、有效规范,加强会员间的沟通与交流,提升行业信誉,促进行业发展,及时发现旅游者权益保护中的问题,并就如何解决问题,及时向政府提出意见和建议具有政府监督管理等方面不可替代的作用。根据本条的规定,依法成立的旅游行业组织,应当制定行业规范,实行自律管理,即对其成员进行自我管理、自我约束。如向会员宣传政府的有关政策、法律法规,并协助贯彻执行;受主管单位委托,协助业务主管单位搞好行业质量管理工作,参与相关法规和政策的研究制定,参与制订、修订行业标准;健全相关制度,协助业务主管单位制定并组织实施行业职业道德准则,推动行业诚信建设,规范行业行为,维护旅游行业的公平、竞争的市场环境;组织有关业务培训,承办业务主管单位委托的其他工作,促进旅游品质提升,增强旅游者获得感、幸福感、安全感。目前,我国已依法成立了一批旅游行业组织,如中国旅游协会、中国旅行社协会、中国旅游饭店业协会、中国旅游景区协会、中国旅游车船协会、中国旅游协会休闲度假分会以及各地的旅游协会、旅行行业协会等。

> **第六条** 各级人民政府及有关部门、新闻媒体,应当加强旅游宣传教育,营造旅游者合法权益保护的良好氛围。
>
> 鼓励、支持一切组织和个人依法对损害旅游者合法权益的行为进行社会监督。

【释义】

◆本条是关于旅游者权益保护宣传和社会监督的规定。

旅游消费已进入大众化的发展阶段,越来越多的居民不仅在国内旅游,也出国旅游,受到世界各国的普遍欢迎。江西省旅游业快速发展,但与此同时也仍然存在旅游经营不规范、零负团费、强迫购物、旅游服务质量参差不齐等情况,严重损害了旅游者的合法权益。保护旅游者合法权益是各级政府、各有关部门和有关企业的共同责任。各级人民政府及有关部门、新闻媒体,应当加强旅游宣传教育,营造旅游者合法权益保护的良好氛围。一是要倡导健康、文明、环保的旅游方式。二是要支持和鼓励各类社会机构开展旅游者权益保护公益宣传,支持和鼓励社会机构拍摄并播放旅游者权益保护公益广告片,印制并发放旅游者权益保护公益宣传资料,深入基层居民社区、重点旅游景区(点)、游客集散中心等场所向群众进行宣传,制作相关旅游者权益保护户外广告等,以调动各方面的力量,使旅游者权益保护更加深入人心,不仅推进旅游服务质量不断提高,而且有助于旅游者的素质不断提升。

保护旅游者权益是全社会共同责任,鼓励、支持一切组织和个人对损害消费者合法权益的行为进行社会监督,促进旅游者权益保护的规范化和法制化。

社会监督有公民监督、社会团体监督、舆论监督等。公民监督主要是公民通过批评、建议、检举、揭发、申诉、控告等方式对旅游者合法权益保护工作进行监督。社会团体监督是各种社会组织和利益集团对侵害旅游者合法权益行为的监督,主要是通过选举、请愿、对话、舆论宣传等形式,构成了对政府管理活动的监督。舆论监督是指社会利用各种传播媒介和采取多种形式,表达和传导有一定倾向的议论、意见及看法,以实现对旅游者合法权益保护的监督。

第七条 县级以上人民政府文化和旅游主管部门加强跨区域合作,建立区域间双向互动旅游权益保障机制,维护区域内外旅游者的合法权益。

【释义】

◆本条是关于县级以上人民政府文化和旅游主管部门加强旅游者

权益保护区域合作的规定。

旅游活动具有参与单位多、流动性强等特点,文化和旅游主管部门应加强省、市、县内外的区域合作,快速调查处理旅游投诉案件,及时有效维护旅游者合法权益。区域间双向互动旅游权益保障机制突破了主要依靠地理区域保护旅游者权益的模式。江西省旅游业要打造"大旅游"品牌和精品线路,那么在旅游者权益保护上,也要打破行政区划界限,致力打造无障碍旅游者权益保护区,这是推进区域旅游业跨越式发展的关键,其核心是实现旅游者权益保护标准一致、信息共享和责任共担。

第二章 旅游者的权利

加强旅游者权益保护的立法是实施江西省旅游消费环境优化升级行动,全面推进江西省全域旅游发展的引领性工作。本章共八条,分别从旅游者在旅游活动中享受安全权、依法获得赔偿权、知情权、求助权、自主选择权、拒绝强迫交易权、保护隐私权、检举控告权以及享受相关优惠等方面,对旅游者权益保护作了全面性的规范。

> **第八条** 旅游者在购买旅游产品、接受旅游服务时,享有人身、财产安全不受侵害的权利;旅游者有权要求旅游经营者提供的产品和服务符合人身和财产安全要求。

> 旅游者因购买旅游产品或者接受旅游服务受到人身、财产损害的,享有依法获得赔偿的权利。
>
> 旅游者在人身、财产安全遇到危险时,有权请求旅游经营者、当地人民政府和有关机构进行及时救助。

【释义】

◆本条是关于旅游者安全权、依法获得赔偿权、请求救助权的规定。

一、本条第一款是关于旅游者的安全权的规定。

安全是旅游者开展旅游的基础,也是旅游业发展之基。安全权主要包括人身、财产、服务等的安全。它是指旅游者在购买、使用商品或者接受服务时,享有人身、财产安全不受侵犯的权益。为了保障旅游者安全权的实现,旅游者有权要求经营者提供的商品和服务,符合保障人身、财产安全的要求。为保障旅游者安全权的实现,旅游经营者应当注意:①提供的旅游商品或旅游服务应当符合保障人体健康和人身、财产安全的国家标准或者行业标准。②对于暂时没有标准的,应当保证符合人身健康、财产安全的要求。③对可能危及人体健康和安全的商品或服务,要事先向旅游者做出真实和明确的警示,并标明或说明正确使用旅游商品或接受旅游服务的方法。④发现提供的旅游商品或旅游服务有严重缺陷,即使旅游者采用正确使用方法仍可能导致危害的,旅游经营者应及时告知旅游者,并采取切实可行的防止危害发生的措施。

二、本条第二款是关于旅游者的依法获得赔偿权的规定。

旅游者因购买、使用商品或者接受服务受到人身、财产损害时,享有依法获得赔偿的权利。在开展旅游消费的过程中,经营者应尽职尽责,确保旅游者的人身、财产安全,因为经营者的过失或故意导致旅游者人身或财产受到侵害,都应当依法承担赔偿责任。依法获得赔偿权的范围包括:①人身权受到侵害。此处人身权既包括旅游者的生命健康权,也包括旅游者的其他人格权。②财产损害。主要指财产上的损害,包括直接损失和间接损失。③精神损害。旅游者人身伤害或者因其他人身权受到侵害而造成精神痛苦的,经营者还应根据不同情况予以赔偿。依法获得赔偿权的实现方式:赔偿损失,这是最基本、最常见的方式;此外,还包括恢复原状、赔礼道歉、重做、更换、消除影响、恢复名誉等民事责任的承担方式。依法获得赔偿权的限制:通常旅游者只要因购买、使用商品或接受服务而受到人身、财产的损害,就可依法获得赔偿,并不需要商品生产者、销售者、服务的提供者具有过错,但如果是受害者自己的过错造成损害,则商品的制造者、销售者、服务的提供者不承担责任。

三、本条第三款是关于请求救助权。

在旅游者的旅游活动中,旅游经营者承担着保证其旅游产品和服务不危及旅游者的人身、财产安全的义务,在旅游者人身、财产安全遇有危险时,应当采取必要、合理、有效的保护和救助措施,防止危害的发生,避免旅游者人身、财产受到侵害。各级人民政府负有管理本行政区域内的文化和旅游、卫生健康、公安、民族事务等行政工作的职责,在旅游者人身、财产安全遇有危险时,旅游者遭遇危险地的地方政府有责任采取必要的救助和保护措施,避免旅游者人身、财产安全受到侵害。政府其他有关机构或者社会组织,如市场监督管理部门、交通管理部门、公安部门以及消费者协会等,负有在其职责范围内保护旅游者人身、财产安全的责任,在旅游者人身、财产安全遇有危险时,有关机构和社会组织有责任采取必要的救助和保护措施,避免旅游者人身、财产安全受到侵害。因此,旅游者在行使请求救助和保护的权利时,可以向旅游经营者、当地政府和相关机构请求救助和保护。

第九条　旅游者有权知悉旅游经营者的资质,有权知悉其购买的旅游产品和服务的真实、完整情况。

【释义】

◆本条是关于旅游者知情权的规定。

旅游者在购买、使用商品或者接受服务时,享有知悉其购买、使用的商品或者接受服务真实情况的权利,以及经营者是否符合法律法规规定的资格和对自身经营行为导致的后果承担责任的能力。对旅游产品或者服务以及旅游经营者的资质的知悉和认同,是使旅游者产生消费冲动的重要诱因。旅游者只有充分了解旅游产品和服务的真实情况,才能对旅游产品和服务是否能满足其现实需要作出正确判断,才能作出令自身满意的选择,有效地防止权益受到侵害。为了保护旅游者,不使其因对旅游产品或者服务的信息缺乏必要的了解而盲目选择旅游产品或者服务,甚至遭受不应有的损失,本条赋予旅游者知情权。旅游者对购买的旅游产品和服务的知情权,包括旅游者有权根据旅游产品或者服务的不同情况,要求旅游经营者告知相关情况。如旅游产品的价格,旅游费用包括哪部分,交通费、住宿费、餐费、景点的门票费,不包括哪些费用;交通费、住宿费、餐费、景点的标准;是否有购物安排以及购物场所名称、主要经营品种和停留时间;自费项目和价格;自由活动次数和时间;等等。旅游经营者应当向旅游者提供其旅游产品和服务的真实情况,不得提供虚假情况或者做误导性陈述,也不得故意遗漏相关情况。

第十条　旅游者有权自主选择旅游经营者和服务方式、旅游产品和服务,有权拒绝旅游经营者的强制交易行为,有权自主决定购买人身意外伤害保险。

【释义】

◆本条是关于旅游者自主选择权和强制交易拒绝权的规定。

第一,旅游者对旅游经营者和服务方式、旅游产品和服务享有自主选择权。所谓旅游产品,是指旅游经营者通过开发、利用旅游资源提供给旅游者的旅游经历。原国家旅游局将旅游产品分为五类,观光旅游产品(自然风光、名胜古迹、城市风光等),度假旅游产品(海滨、山地、温泉、乡村、野营等),专项旅游产品(文化、商务、体育健身、业务等),生态旅游产品,旅游安全产品(包括旅游保护用品、旅游意外保险产品、旅游防护用品等保障旅游者安全的工具产品)。所谓旅游服务,是指旅游经营者向旅游者提供的各种劳务,包括饭店服务、交通服务、餐饮服务、导游服务等。所谓自主选择权,是指旅游者根据自己的需求,按照自己的意愿选择自己需要的旅游产品和服务,并决定是否购买旅游产品或者接受服务的权利。旅游者对产品和服务享有自主选择权,意味着旅游者可以对旅游产品进行比较、鉴别和挑选,可以自主选择提供旅游和服务的经营者,可以自主选择旅游产品品种和服务方式,可以自主决定购买或者不购买任何一种产品,接受或者不接受任何一项服务。

第二,旅游者对旅游经营者的强制交易行为有权拒绝交易。所谓强制交易行为,是指旅游经营者违背旅游者的意愿,强制或者限定旅游者购买其指定的旅游产品、商品或者服务的行为。强制交易行为包括限定旅游者只能购买和使用其附带提供的相关产品,而排斥其他同类商品;强制旅游者购买其提供的不必要的商品及配件;强制旅游者购买其指定的经营者提供的不必要的商品;对不接受其不合理条件的旅游者拒绝、中断或减少其提供的相关服务等。强制交易行为是一种不正当竞争行为,它剥夺了消费者的选择权,违背了市场经济的规则,会对旅游者和其他旅游经营者的合法权益、对正常社会竞争秩序造成损害。为此,本条规定,旅游者有权拒绝旅游经营者的强制交易行为,包括拒绝强制购买人身意外伤害保险。国家法律规定强制保险之外的人身意外伤害保险,都属于商业性的人身意外伤害保险,投保人可以根据自己的意愿和需求自主投保。

第十一条 旅游者在购买旅游产品或者接受旅游服务时,有权获得质量保障、计量正确、明码标价、价格合理等公平交易条件。

【释义】

◆本条是关于旅游者公平交易权的规定。

旅游者购买商品或者接受服务时享有公平交易的权利。旅游者的公平交易权体现在:第一,在购买商品或者接受服务时,有权获得质量保障、价格合理、计量正确等公平交易的条件。这些条件符合平等、自愿、公平、等价有偿、诚实信用等市场交易的基本原则。根据价格法的规定,经营者销售、收购商品和提供服务,应当按照政府价格主管部门的规定明码标价,注明商品的品名、产地、规格、等级、计价单位、价格或者服务的项目、收费标准等有关情况。经营者不得在标价之外加价出售商品,不得收取任何未予标明的费用。第二,在购买商品或者接受服务时,有权拒绝经营者的强制交易行为。

> **第十二条** 旅游者在购买旅游产品或者接受旅游服务时,享有人格尊严、民族风俗习惯和宗教信仰受尊重的权利,享有个人信息和隐私依法得到保护的权利。

【释义】

◆本条是关于旅游者受尊重权和隐私权的规定。

所谓旅游者的受尊重权,是指旅游者的人格尊严、民族风俗习惯和宗教信仰得到尊重的权利。受尊重权是旅游者的一项基本权利。根据本条的规定,旅游者的受尊重权包括三个方面:

第一,旅游者的人格尊严得到尊重的权利。所谓人格尊严,是指公民作为一个人所应有的最起码的身份、社会地位受到他人和社会的最基本尊重。在现代社会,人格尊严作为一种人格利益应当受到法律保护已成为共识。旅游者的人格尊严应当得到尊重,意味着旅游者在旅游活动中,应当受到旅游经营者和其他人的尊重,任何人不得侵犯其姓名权、名誉权、荣誉权、肖像权等。

第二,旅游者的民族风俗习惯得到尊重的权利。所谓民族风俗习惯,是指一个民族在长期的生产生活中形成的风尚、礼节、行为、倾向等。民族风俗习惯大量地表现在饮食、服饰、婚葬、节庆、礼仪、禁忌、歌曲、舞蹈、体育等方面,在不同程度上反映了民族的历史传统和心理情感。我国是一个多民族的国家,尊重民族风俗习惯,对于贯彻党和国家的民族政策,保护各民族的平等权利和民主权利,预防民族纠纷,维护各民族团结,繁荣和发展民族文化,都具有十分重要的意义。因此,在我国,无论是哪个民族的旅游者,在进行旅游活动时,其民族风俗习惯都应当得到旅游经营者和其他人的尊重,任何人不得以自己的民族风俗习惯为标准,去衡量和要求其他民族的旅游者,也不得以个人的好恶去对待旅游者的民族风俗习惯,去处理旅游者与民族风俗习惯有关的事情。

第三,旅游者的宗教信仰得到尊重的权利。所谓宗教信仰,是指人们对某种特定宗教的信奉和皈依。我国是一个多宗教的国家,主要有佛教、道教、伊斯兰教、天主教和基督教等。宗教信仰自由是公民的一项基本权利。宪法规定,中华人民共和国公民有宗教信仰自由,任何国家机关、社会团体和个人不得强制公民信仰宗教或者不信仰宗教,不得歧视信仰宗教的公民和不信仰宗教的公民;国家保护正常的宗教活动,任何人不得利用宗教进行破坏社会秩序、损害公民身体健康、妨碍国家教育制度的活动;宗教团体和宗教事务不受外国势力的支配。因此,旅游者在进行旅游活动时,可以自由地表达自己的信仰和表明宗教身份,旅游经营者和其他人对其宗教信仰应当予以尊重,任何人不得对旅游者的宗教信仰予以贬损、歧视,也不得以与旅游者宗教信仰相悖的言行对待旅游者。

第四,旅游者的个人信息和隐私依法得到保护的权利。这是旅游者人身权的延伸。"个人信息"是指以电子或者其他方式记录的能够单独或者与其他信息结合识别特定自然人身份或者反映特定自然人活动情况的各种信息,包括姓名、身份证件号码、通信联系方式、住址、账号密码、财产状况、行踪轨迹等。《中华人民共和国民法总则》第一百一十一条规定,自然人的个人信息受法律保护。任何组织和个人需要获取他人个人信息的,应当依法取得并确保信息安全。隐私权是指自然人享有的私人生活安宁与私人信息秘密依法受到保护,不被他人非法侵扰、知悉、收集、利用和公开的一种人格权,而且权利主体对他人在何种程度上可以介入自己的私生活,对自己的隐私是否向他人公开以及公开的人群范围和程度等具有决定权。隐私权是一种基本人格权利。隐私权包括多种内容,如个人生活安宁权、个人生活情报保密权、个人通信秘密权等。隐私权的利用同样不得违反强制性规定,不得有悖于公序良俗,即权利不得滥用。

第十三条　旅游者有权投诉、举报旅游经营者及其从业人员的违法、违规、违约以及违背社会公德、职业道德的行为;有权检举、控告国家机关及其工作人员在保护旅游者合法权益工作中的违法失职行为;有权对保护旅游者权益工作提出批评、建议。

【释义】

◆本条是关于旅游者的投诉举报权、检举监督权、批评建议权的规定。

投诉权是指权益被侵害者本人对涉案组织侵犯其合法权益的违法犯罪事实,有权向有关国家机关主张自身权利。投诉人,即为权益被侵害者本人。旅游者投诉可以采取电话、信函、面谈、互联网形式进行,但无论采取哪种形式,都要讲清楚以下内容:一是投诉人基本情况,即投诉人的姓名、性别、联系地址、联系电话、邮政编码等。二是被投诉方的基本情况,即被投诉方名称、地址、电话等。三是购买商品的时间、品牌、产地、规格、数量、价格等。四是受损害的具体情况、发现问题的时间及与旅游经营者交涉的经过等。五是购物凭证、保修卡、约定书复印件等。

举报权是指公民或者单位依法行使其民主权利,向司法机关或者其他有关国家机关和组织检举、控告违纪、违法或犯罪的权利。《中华人民共和国宪法》第四十一条规定公民有向有关国家机关提出申诉、控告或者检举的权利。控告、检举旅游者权益保护中的违法失职行为,是所有单位和个人的权利,也是对政府保护旅游者权益工作实行民主监督的重要内容。这样,可以充分发挥各单位和个人在依法管理社会经济事务中的作用,监督国家行政执法机关依法行政,把本条例的各项规定更好地落到实处。

批评建议权是指公民在政治生活和社会生活中,有权对国家机关和工作人员的缺点、错误提出批评意见。公民也有权向国家机关及其工作人员通过一定形式提出合理化建议。在我国,公民行使批评权和建议权的途径是多种多样的,如可以通过新闻报刊、来信来访、座谈会、讨论会等形式来行使这两项权利。

旅游者通过上述权利的行使,可有效促进和监督政府及有关部门依法履职,保护旅游者的合法权益。

第十四条 残疾人、老年人、未成年人、现役军人、消防救援人员、全日制在校学生等,在旅游活动中依照法律、法规和本省有关规定享受便利和优惠。

【释义】

◆本条是关于特殊群体的旅游者依法享受便利和优惠的规定。

特殊群体包括残疾人、老年人、未成年人、现役军人、消防救援人员、全日制在校学生等。所谓残疾人,是指在心理、生理、人体结构上,某种组织、功能丧失或者不正常,全部或者部分丧失而无法以正常方式从事某种活动能力的人。残疾人在参与社会生活时,除具有公民的一般共性外,还存在特殊性。例如,残疾人有着专用的特殊点字、特殊手势语、特殊器具以及其他辅助手段,在交往中辅以盲文、手语和其他工具,在生产、生活、行动中使用必要的辅助工具等。为维护残疾人的合法权益,保障残疾人平等地充分参与社会生活,共享社会物质文化成果,国家专门制定了残疾人保障法。所谓老年人,是指60周岁以上的公民。老年人为国家、社会和家庭做出了应有的贡献,在他们的晚年,理应受到国家、社会以及家庭的尊重、关心,为此,国家专门制定了老年人权益保障法,保护老年人的合法权益。现役军人是指正在中国人民解放军和中国人民武装警察部队服役、具有军籍,尚未退伍、转业、复员的军人。为激励军人保卫祖国、建设祖国的献身精神,加强国防和军队建设,国家制定了军人抚恤优待条例,对现役军人享受抚恤优待作出了规定。所谓未成年人,是指未满18周岁的公民。未成年人是国家各项事业的预备队伍,他们身上寄托着国家和民族的希望。未成年人身心尚不成熟,具有特殊的生理和心理特征,非常需要国家、学校、家庭、社会各方面和全体公民对他们给予特别的关心和爱护。为了保护未成年人的身心健康,保障未成年人的合法权益,国家专门制定了未成年人保护法。此外,国家也制定了相关的法规和政策,对残疾人、老年人、未成年人等特殊群体的保护作了更加具体、详细的规定。在这些法律、法规和有关规定中,规定了对这些特殊群体的便利和优惠。

本条明确了特殊群体旅游者在旅游活动中可以依法享受便利和优惠。根据本条的规定,特殊群体的旅游者依法享受便利和优惠,主要包括:

第一,残疾人依法享受便利和优惠。残疾人保障法规定:文化、体育、娱乐和其他公共活动场所,为残疾人提供方便和照顾;县级以上人民政府对残疾人搭乘公共交通工具,应当根据实际情况给予便利和优惠;残疾人可以免费携带随身必备的辅助器具;盲人持有效证件免费乘坐市内公共汽车、电车、地铁、渡船等公共交通工具;公共服务机构和公共场所应当创造条件,为残疾人提供语音和文字提示、手语、盲文等信息交流服务,并提供优先服务和辅助性服务;公共交通工具应当逐步达到无障碍设施的要求;等等。对残疾人保障法和其他法律、法规及有关规定所规定的残疾人可以享受的便利和优惠,残疾人在旅游活动中有权享受。

第二,老年人依法享受便利和优惠。老年人权益保障法规定:地方各级人民政府根据当地条件,可以在参观、游览、乘坐公共交通工具等方面,对老年人给予优待和照顾。对老年人权益保障法和其他法律、法规及有关规定所规定的老年人可以享受的便利和优惠,老年人在旅游活动中有权享受。

第三,未成年人依法享受便利和优惠。未成年人保护法规定:爱国主义教育基地、图书馆、青少年宫、儿童活动中心应当对未成年人免费开放;博物馆、纪念馆、科技馆、展览馆、美术馆、文化馆以及影剧院、体育场馆、动物园、公园等场所,应当按照有关规定对未成年人免费或者优惠开放;县级以上人民政府及其教育行政部门应当采取措施,鼓励和支持中小学校在节假日期间将文化体育设施对未成年人免费或者优惠开放;社区中的公益性互联网上网服务设施,应当对未成年人免费或者优惠开放,为未成年人提供安全、健康的上网服务;等等。对未成年人保护法和其他法律、法规及有关规定所规定的未成年人可以享受的便利和优惠,未成年人在旅游活动中有权享受。

第四,现役军人依法享受便利和优惠。现役军人凭有效证件、残疾军人凭"中华人民共和国残疾军人证"优先购票乘坐境内运行的火车、轮船、长途公共汽车以及民航班机;残疾军人享受减收正常票价50%的优待。现役军人凭有效证件乘坐市内公共汽车、电车和轨道交通工具享受优待,具体办法由有关城市人民政府规定;残疾军人凭"中华人民共和国残疾军人证"免费乘坐市内公共汽车、电车和轨道交通工具。现役军人、残疾军人凭有效证件参观游览公园、博物馆、名胜古迹享受优待。

除残疾人、老年人、未成年人、现役军人等旅游者在旅游活动中依照法律、法规和有关规定享受便利和优惠外,国家有关规定对其他特殊群体规定了便利和优惠的,其他特殊群体也有权享受便利和优惠。比如依据以下规定,相关特殊群体有权享受便利和优惠:

1.《国家发改委等部委关于整顿和规范游览参观点门票价格的通知》(发改价格〔2008〕905号):

规范门票价格管理。游览参观点要明确对儿童、学生、未成年人、老年人、现役军人、残疾人、宗教人士等的门票价格减免范围和标准。

2.《国家发展改革委关于进一步落实青少年门票价格优惠政策的通知》(发改价格〔2012〕283号):

(1)各地实行政府定价、政府指导价管理的游览参观点,对青少年门票价格政策标准:对6周岁(含6周岁)以下或身高1.2米(含1.2米)以下的儿童实行免票;(2)对6周岁(不含6周岁)~18周岁(含18周岁)未成年人、全日制大学本科及以下学历学生实行半票。列入爱国主义教育基地的游览参观点,对大中小学学生集体参观实行免票。

鼓励实行市场调节价的游览参观点参照上述规定对青少年等给予票价优惠。

各地游览参观点对青少年的门票价格优惠幅度未达到上述标准

的,按上述标准执行;优惠幅度已达到上述标准的,仍按地方规定标准执行。

3. 中共中央办公厅、国务院办公厅《组建国家综合性消防救援队伍框架方案》(中办发〔2018〕50号)规定"消防救援人员继续享受国家和社会给予现役军人同等的各项优待"。

> **第十五条** 旅游者享有获得有关旅游消费和旅游者权益保护方面的知识的权利。

【释义】

◆本条是关于旅游者获得相关旅游消费及其权益保护知识的权利规定。

旅游者享有获得有关旅游消费和消费者权益保护方面的知识的权利。获得权益保护相关知识,是旅游者加强自我保护、理性消费、合理维权的意识和能力的基础。获得有关旅游消费及其权益保护知识权是知情权、自主选择权等其他权利的重要保障。获得有关旅游消费及其权益保护知识权的内容主要包括:①获得有关旅游消费方面的知识的权利,包括有关旅游消费态度的知识、有关商品和服务的基本知识和有关市场的基本知识等。②获得有关旅游者权益保护方面的知识的权利,包括有关旅游消费者权益保护的法律、法规、政策、保护机构、争议的解决等方面的知识。旅游者要获得有关旅游消费及其权益保护知识权的实现,除社会各方面要尽可能开辟多种途径,使旅游者获得有关旅游消费和消费者权益保护的知识外,还需要旅游者的积极努力,掌握所需商品或者服务的知识和使用技能,正确使用商品,提高自我保护意识。

第三章　旅游经营者的义务

本章共设置十九条,分别对各类旅游经营者的经营行为进行规范,具体包括:旅游经营者守法守约义务的一般要求;旅行社旅游合同的签订;旅行社和导游规范经营;旅游景区设施与服务;旅游饭店价格、卫生与安全标准;旅游民宿、家庭旅馆的设立与经营;旅游餐饮的价格管理;旅游交通运输经营标准;旅游购物权益保障;新型旅游项目经营资质及高风险旅游项目经营规范;研学旅行和老年旅游经营标准;网络交易第三方平台和搜索引擎的连带职责;旅游经营者及其从业人员应遵守的一般经营规则等。作为地方性法规,本章以问题为导向,并从拾遗补阙的层面,对上位法作了进一步细化。

《江西省旅游者权益保护条例》释义

> 第十六条 旅游经营者提供旅游产品或者服务,应当符合相关的法律、法规和国家强制性标准的要求。鼓励旅游经营者采用国家推荐性标准和旅游行业标准。
>
> 旅游经营者应当向旅游者介绍旅游产品或者服务,告知旅游者在旅游活动中可能存在的风险。旅游经营者与旅游者有约定的,应当按照约定履行义务,但约定的内容不得违背法律、法规的规定,不得违背公序良俗。

【释义】

◆本条是关于旅游经营者守法守约义务的规定。

守法守约是旅游经营者应尽的义务。旅游业牵连广泛,横跨第一产业、第二产业、第三产业,深入城乡社区和文化、生态空间,涉及国民经济多个行业和部门,产业关联度高,是综合性产业。随着各行各业纷纷加入"旅游+"和"+旅游"的融合发展,旅游经营者的组成更加丰富多样,旅游者权益保护的领域不断扩展,为保护旅游者权益,本条规定了旅游经营者应当承担的守法守约义务。

一是规定旅游经营者提供旅游产品或者服务,应当符合相关的法律、法规,如旅游产品应符合《中华人民共和国产品质量法》,食品应符合《中华人民共和国食品安全法》等,为旅游者权益保护提供全方位的法制框架。

二是规定旅游经营者提供旅游产品或者服务,应当符合国家强制性标准的要求。目前,国家已经建立了一系列的旅游服务标准和市场规则,如旅行社条例规定的标准和规则、旅游信息咨询中心设置与服务规范(GB/T 26354—2010)、导游服务规范(GB/T 15971—2010)、绿色旅游景区管理与服务规范(LB/T 015—2011)、旅游特色街区服务质量要求(LB/T 024—2013)、旅行社服务通则(LB/T 008—2011)等。

三是规定鼓励旅游经营者采用国家推荐性标准和旅游行业标准,这是鼓励性条款。政府和行业组织应当出台相关政策,引导旅游经营者规范化经营、标准化生产,发挥标准化工作应有的质量提升作用,为做优做强旅游产品和服务起到引领和示范作用。

四是规定旅游经营者应当向旅游者介绍旅游产品或者服务,这是旅游经营者的告知义务,是消费者知情权在旅游者权益保护中的具体体现。由于旅游产品和服务具有生产和消费同一性,没有样品,不能试用,获取真实的营销信息至关重要。旅游经营者应当向旅游者介绍旅游产品或者服务,既不能不介绍,也不能不真实介绍,必须采用如"入住三星级旅游饭店""参观国家5A级景区"等真实精确的语言文字,而不能用"入住三星级标准酒店""参观国家级景区"等能引致误解的语言文字,更不能采用"远眺""车览""遥望"等语言文字,故意误导旅游者。

五是规定旅游经营者应当告知旅游者在旅游活动中可能存在的风险。安全是旅游活动的生命线,旅游经营者应告知旅游者在旅游活动中可能存在的风险,既包括人身、财产安全风险,又包括季节、天气、交通条件导致的景观景物能否参观、食宿条件是否具备的风险,还包括旅游目的地宗教、习俗等导致的适应性风险等。

六是规定旅游经营者与旅游者有约定的,应当按照约定履行义务,但约定的内容不得违背法律、法规的规定,不得违背公序良俗。"约定"既包括书面合同和口头合同,也包括约定俗成的默示合同和旅游经营者及其员工以实际行动承诺的默示合同。约定的内容不得违背法律、法规的规定,不得违背公序良俗的规定源于《中华人民共和国合同法》。

> **第十七条** 旅行社为旅游者提供旅游产品和服务,应当依法与旅游者订立合同。
>
> 包价旅游合同应当采用书面形式。合同应当明确约定行程安排、服务项目、服务标准、服务价格、违约责任等事项。涉及旅游者自行付费的项目,应当以醒目的方式标注,并在合同中约定。
>
> 鼓励旅行社和旅游者使用国家推荐的合同示范文本。

【释义】

◆本条是关于旅行社与旅游者签订合同的规定。

随着旅游业的升级发展,旅行社的形态及其业务日新月异,其开展旅游经营业务,应当依法取得旅行社经营许可证。旅游者与旅行社的合同纠纷是旅游者权益保护的重点。本条就旅行社对旅游者的合同义务作了规定。

一是规定旅行社为旅游者提供旅游产品和服务,应当依法与旅游者订立合同。签订旅游合同的目的,是为了确定旅行社与旅游者之间的交易行为,为旅游者提供合同保护。

二是规定包价旅游合同应当采用书面形式。实践中,不合理低价、"黑车黑导黑社"等侵害旅游者权益的行为多发生在包价旅游中。作为对旅游者的特别保护,旅行社经营包价旅游,与旅游者签订合同时,应当采用书面形式。在包价旅游的部分,本条强调了必须签订书面合同。

三是规定合同应当明确约定行程安排、服务项目、服务标准、服务价格、违约责任等事项。强调涉及旅游者自行付费的项目,应当以醒目的方式标注,并在合同中约定。未全面包含这些内容的包价旅游合同无效,因合同无效导致的利益归于旅游者。

四是规定鼓励旅行社和旅游者使用国家推荐的合同示范文本。这是倡导性条款。旅行社和旅游者都有权要求使用国家推荐的合同示范文本。引导旅行社和旅游者使用国家推荐的合同示范文本,能更好地避免旅游纠纷的产生。

第十八条 旅行社不得以不合理低价组织旅游活动。旅行社确因促销活动,提供低于正常接待和服务成本旅游服务的,应当明示低价理由、起止时间和低价数量,并不得通过安排购物或者另行付费旅游项目获取回扣等不正当利益。

旅游过程中,导游、领队人员不得诱导、欺骗、胁迫或者变相胁迫旅游者购物,不得擅自变更旅游线路、增减景点;临时增加购物场所、付费项目或者变更旅游线路、增减景点的,应当经全体旅游者书面同意。

【释义】

◆本条是关于禁止旅行社经营不合理低价游,禁止导游、领队胁迫购物,擅自变更旅游安排的规定。

不合理低价游和导游、领队的恶意擅自行为严重侵害旅游者权益,是旅游者权益保护中的顽疾。鉴于《中华人民共和国旅游法》第三十五条、第四十一条规定不够具体,出现了部分认定难、执行难的问题,本条进一步细化了对不合理低价游的界定和约束,强调了导游、领队的执业规范,增加了旅游者的否决权,提升了条文的操作性。

一是在重申旅行社不得以不合理低价组织旅游活动的同时,规定旅行社确因促销活动,提供低于正常接待和服务成本旅游服务的,应当明示低价理由、起止时间和低价数量。这就严格界定了不合理低价游与旅行社促销活动,破解了过程认定难的问题。

二是规定旅行社不得通过安排购物或者另行付费旅游项目获取回

扣等不正当利益。这一条重申了《中华人民共和国旅游法》第三十五条的规定,不论在不合理低价游中,还是在旅行社促销活动中,都不允许获得回扣等不当利益。

三是重申了《旅行社管理条例》关于旅游过程中,导游、领队人员不得诱导、欺骗、胁迫或者变相胁迫旅游者购物,不得擅自变更旅游线路、增减景点等规定,将其精神要义纳入了本条。

四是规定导游和领队临时增加购物场所、付费项目或者变更旅游线路、增减景点的,应当经全体旅游者书面同意,赋予全体旅游者以否决权,从否决权的层面破解认定难的问题。

> 第十九条 旅游景区应当公布景区主管部门核定的游客最大承载量,发布景区即时游客量。旅游景区达到最大游客承载量百分之八十时,应当发布旅游景区承载量预警信息,及时向当地人民政府报告。旅游者数量可能达到最大承载量时,旅游景区和当地人民政府应当及时采取分散、疏导等措施。
>
> 旅游景区在节假日期间或者部分游览区实行分时段预约参观的,应当提前十五日向社会公布。
>
> 对于未开放的区域和经营项目,旅游景区应当以明示的方式事先向旅游者作出说明或者警示。

《江西省旅游者权益保护条例》释义

【释义】

◆本条是关于旅游景区采取安全措施义务的规定。

淡旺季是旅游景区经营的基本特征。为获取超额利润,部分景区旺季不限流,不但影响旅游者游憩体验,还存在安全隐患。本条根据《中华人民共和国旅游法》的相关规定进行了细化,将《景区最大承载量核定导则》中相关行业标准在本法规中予以了明确。

一是在《中华人民共和国旅游法》关于旅游景区应当公布景区主管部门核定的游客最大承载量的基础上,增加了关于发布景区即时游客量的规定,为旅游者提供更全面的权益保护。

二是将《中华人民共和国旅游法》关于旅游者数量可能达到最大承载量时,景区应当提前公告的规定,细化为旅游景区达到最大游客承载量百分之八十时,应当发布旅游景区承载量预警信息,并增加了及时向当地人民政府报告的规定,提升了可操作性。

三是重申了《中华人民共和国旅游法》中关于旅游者数量可能达到最大承载量时,旅游景区和当地人民政府应当采取分散、疏导等措施。这些措施应在旅游景区达到最大游客承载量百分之八十时启动。

四是针对旅游景区在节假日期间或者部分游览区实行分时段预约参观的情形,明确规定应当提前十五日向社会公布。这是借鉴《北京市旅游条例》中对此种情况规定应当提前三十日向社会公布做法,结合江西省旅游市场实际,规定应当提前十五日向社会公布,更具有可操作性。

五是规定对于未开放的区域和经营项目,旅游景区应当以明示的方式事先向旅游者作出说明或者警示,从告知未开放区域和项目的角度保护旅游者的知情权。

> 第二十条　旅游景区应当完善安全、卫生等相关设施,健全导览图、安全警示标志等必要标识系统,公布投诉电话,配套必要的医疗、救护设施和医护服务。游览设施应当符合国家相关技术标准。旅游景区经营者应当定期对景区内的游览设施进行安全检查并做好检查记录,发现问题及时处理。
>
> 鼓励旅游景区利用语音导览设备、电子地图、手机自助导游等现代科技手段,提供游览引导、讲解服务。

【释义】

◆本条是关于旅游景区完善安全、游览等相关设施以及便捷旅游者游览义务的规定。

作为旅游经营场所,旅游景区的开放与经营必须达到一定标准要求。本条规定了旅游景区完善安全、游览等相关设施以及便捷旅游者游览的义务。

一是规定旅游景区应当完善安全、卫生等相关设施。"完善"既是根据相关法律、法规和国家标准、行业标准不断丰富发展,不断与时俱进的过程,也是旅游景区开放的前置条件。

二是规定旅游景区应当健全导览图、安全警示标志等必要标识系统,公布投诉电话。这是对旅游景区开放在标识系统方面的最低要求。

三是规定游览设施应当符合国家相关技术标准。其中索道、缆车等有国家技术标准的项目,都应当取得相关许可、达到相关要求,这是旅游景区开放对设施达标的最低要求。

四是规定旅游景区经营者应当定期对景区内的游览设施进行安全检查并做好检查记录,发现问题及时处理。这是强调旅游景区经营者在检查设施设备、发现和处理设施设备问题的义务,防止旅游景区经营者与游览设施承包经营者之间扯皮。

五是鼓励旅游景区利用语音导览设备、电子地图、手机自助导游等现代科技手段,提供游览引导、讲解服务。这是倡导性条款。利用科技手段是行业发展的大方向,行业组织、旅游景区采用科技手段提升旅游景区服务水平,更能提升旅游景区的品质和档次。

第二十一条 旅游景区、景点展示革命历史、革命文化和革命事迹应当主题鲜明,尊重史实。

红色旅游景区、景点为旅游者提供展陈游览、景观游览、体验游览、游览解说等服务,应当传承和弘扬红色文化、红色精神,不得虚构历史、杜撰故事。

【释义】

◆本条是关于规范旅游景区、景点展示革命历史和红色旅游景区经营义务的规定。

红色旅游是以革命、建设、改革的各个历史时期所遗存的纪念地、标志物为载体,以其所承载的革命历史、革命事迹和革命精神为内涵,开展的主题性参观游览活动。江西是全国红色旅游的首倡省,全国红色旅游首选地。率先通过地方立法明确红色旅游景区经营义务,是为红色旅游的旅游者权益提供特别保护的具体体现。

一是规定旅游景区、景点展示革命历史、革命文化和革命事迹应当主题鲜明,尊重史实。这就明确了红色旅游景区有研究红色史实,提炼红色主题,并进行科学展陈的义务。

二是规定红色旅游景区、景点提供的旅游产品和服务,应当传承和弘扬红色文化、红色精神,不得虚构历史、杜撰故事。当前国内一些红色旅游景区还存在虚构历史、杜撰故事,犯历史虚无主义错误的现象。习近平总书记多次指示,红色旅游景区要把红色资源运用好,把红色基因传承好,做好政治思想教育。通过立法明确红色旅游景区传承和弘扬红色文化、红色精神、尊重红色史实的义务,是贯彻习近平总书记系列重要指示精神的具体举措。

第二十二条 旅游饭店为旅游者提供的客房、餐饮、洗衣、电话、付费电视及其他服务项目应当明码标价。

旅游者通过网络或电话等途径预定客房的,旅游饭店应当按照预定要求作出安排。因旅游饭店原因致使旅游者不能入住的,旅游饭店应当按不低于预定标准就近安排好旅游者住宿,所产生的额外费用由旅游饭店承担;旅游者要求退订的,旅游饭店应当全额退订。

旅游饭店应当设置与经营规模相适应的卫生设施,按照有关卫生标准和规范进行清洗、消毒、保洁。

旅游饭店应当排查饭店内安全隐患,发现安全隐患应当及时处置,防止旅游者人身、财产安全受到侵害。

旅游饭店应当加强对饭店内旅游者个人隐私的保护,防止旅游者个人隐私受到侵害。

【释义】

◆本条是关于旅游饭店经营义务的规定。

旅游饭店是我国较早与国际接轨的产业,也是旅游行业各组成部分中市场化程度较高的产业。本条主要针对近年来旅游者对旅游饭店投诉反映的主要问题和旅游饭店经营者规范经营作出的义务。

一是规定旅游饭店为旅游者提供的客房、餐饮、洗衣、电话、付费电视及其他服务项目应当明码标价。这就明确了旅游饭店的收费告知义务。旅游饭店提供饭店产品和服务时,必须清晰标示度量衡单位。采用旅游者不常使用的度量衡单位时,必须使用突出标示的方式,如客房使用的时间单位是每夜还是每小时,商品计量的单位是千克还是克等。旅游饭店提供饭店产品和服务时,不得不标示价格,也不得使用"时价""议价"等模糊的语言文字。

二是规定了旅游饭店安排预定的义务。国际上像美国、日本等国的有关饭店法律,规定了旅游饭店安排预定的义务,而在我国则长期作为国际惯例和行业规范存在,为与国际做法相一致,通过地方立法将其上升为法定义务,能更好地保护旅游者权益。

三是规定旅游饭店应当设置与经营规模相适应的卫生设施,按照有关卫生标准和规范进行清洗、消毒、保洁。这就明确了旅游饭店的卫生安全义务。我国饭店业中出现的"一块抹布擦到底"等卫生安全事件,之所以得不到旅游者和公众满意的处理结果,原因就在于具体操作流程属于行业内部规范,不是法定义务,通过地方立法将其上升为法定义务,有效地回应了社会对有法可依的需求。

四是规定旅游饭店应当排查饭店内安全隐患,发现安全隐患应当及时处置,防止旅游者人身、财产安全受到侵害。这就明确了旅游饭店排查、处置安全隐患,保障旅游者人身、财产安全的义务。针对部分旅游饭店中安全隐患长期得不到重视,甚至收到整改通知书也无实际行动的现状,本条作出了明确的义务性规定。

五是规定旅游饭店有保护旅游者隐私的义务。我国有关个人信息保护的法律尚未出台,但我国宪法、刑法和侵权责任法的相关条款对保护人的隐私均作了相关规定。因此,该条强化了旅游饭店作为经营主体负有保护旅游者隐私的责任,履行相关排查的职责。

> 第二十三条　从事旅游民宿、家庭旅馆经营的,应当办理注册登记,并符合法律法规和国家规定对治安、消防、食品安全、卫生等方面的相关要求。旅游民宿、家庭旅馆经营者应当按照国家规定配置消防设施、器材,确保疏散通道、安全出口畅通。
>
> 从事旅游民宿、家庭旅馆经营的,应当诚信经营,收费项目应当明码标价。

【释义】

◆本条是关于旅游民宿、家庭旅馆经营义务的规定。

随着旅游业的迅速发展,旅游业态的多样化,旅游民宿和家庭旅馆在旅游膳宿和旅游休闲中的地位日益凸显,已成为行业中发展最迅猛的部分之一。本条对旅游民宿和家庭旅馆的基本的经营义务做了原则规定,以更好地保护旅游者权益。

一是规定从事旅游民宿、家庭旅馆经营的,应当办理注册登记。这就明确了旅游民宿、家庭旅馆经营者须承担企业法人或个体工商户的各项义务。

二是规定从事旅游民宿、家庭旅馆经营的,应当符合法律法规和国家规定对治安、消防、食品安全、卫生等方面的相关要求。旅游民宿、家庭旅馆经营者应当按照国家规定配置消防设施、器材,确保疏散通道、安全出口畅通。这就明确了旅游民宿、家庭旅馆经营者须承担的旅游者人身、财产安全保障义务的具体要求。这就要求旅游民宿、家庭旅馆经营者开展旅游经营活动必须达到公安机关在治安方面要求的旅客登记信息联网上传、消防通道畅通、配置必要的消防设施以及卫生达标等最基本的要求。

三是规定从事旅游民宿、家庭旅馆经营的,应当诚信经营,收费项目应当明码标价。这就明确了旅游民宿、家庭旅馆经营者的诚实守信义务和收费告知义务。旅游民宿和家庭旅馆的收费项目,必须清晰标示度量衡单位,采用旅游者不常使用的度量衡单位时,必须使用突出标示的方式。旅游民宿和家庭旅馆的收费项目,不得不标示价格,也不得使用"时价""议价"等模糊的语言文字。

第二十四条 从事旅游餐饮的,其经营的菜品、食品、酒水等应当明码标价,并以明确的方式预先告知旅游者。不得采用时价、面议等方式模糊价格。提供加工服务并收费的,应当标示服务内容、收费标准。需要

> 收取的所有费用应当事先告知旅游者，由旅游者自愿选择，不得进行价格欺诈。

【释义】

◆本条是关于旅游餐饮经营义务的规定。

在我国物价行政管理体系中，餐饮价格属于实行市场调节价的范围，同时我国又存在先消费后结账的餐饮消费习惯，这均造成旅游餐饮管理抓手不多的现状。本条规定了旅游餐饮经营者的收费告知义务，从维护旅游者知情权的角度，对旅游者权益提供特别保护。

一是规定从事旅游餐饮的，其经营的菜品、食品、酒水等应当明码标价，并以明确的方式预先告知旅游者。收费项目必须清晰标示度量衡单位，采用旅游者不常使用的度量衡单位时，必须使用突出标示的方式，如酒水等饮品使用的计量单位是瓶、千克，还是杯；禽类和鱼类等食品计量的单位是只、条还是千克等，不得不标示价格，也不得使用"时价""议价"等模糊的语言文字。本条还特别强调旅游餐饮经营者必先将价格信息以明确的方式预先告知旅游者，强化了其告知义务。

二是规定旅游餐饮经营者提供加工服务并收费的，应当标示服务内容、收费标准。惯常性的项目，如渔业旅游点为旅游者提供海鲜、河鲜加工的，应清晰明示加工服务的度量衡单位及其价格；与旅游者临时议定的，应在点菜单和收据上明确注明度量衡单位和价格。

三是规定需要收取的所有费用应当事先告知旅游者，由旅游者自愿选择,不得进行价格欺诈。

> **第二十五条** 从事旅游饭店、旅游餐饮、旅游民宿、家庭旅馆经营的,其从业人员应当经过相应的卫生、服务培训并达到相应的健康标准。

【释义】

◆本条是关于旅游饭店、旅游餐饮、旅游民宿、家庭旅馆从业人员执业要求的规定。

随着政府深化"放管服"改革,有关旅游从业人员的执业证照已经或即将取消。本条对旅游饭店、旅游餐饮、旅游民宿、家庭旅馆从业人员的要求作了原则性规定,以更好地保护旅游者权益。

一是规定从事旅游饭店、旅游餐饮、旅游民宿、家庭旅馆经营的,其从业人员应当经过相应的卫生、服务培训。这就要求经营者建立相应的全员培训制度和配套的投入机制、考评机制,同时也要求卫生健康部门和文旅部门提供合格的培训服务和监督管理。

二是规定从事旅游饭店、旅游餐饮、旅游民宿、家庭旅馆经营的,其从业人员应当达到相应的健康标准。这就要求卫生健康部门和文旅部门制定或指定相关标准,建立相应的监督管理体制机制。此外,还要求相关旅游经营者将从业人员应当达到相应的健康标准纳入企业的安全生产规章制度中去。现实中,严格落实《国家卫生计生委财政部关于进

《江西省旅游者权益保护条例》释义

一步做好预防性体检等三项工作的通知》的规定,做好从业人员预防性体检。

> 第二十六条 从事旅游交通运输的营运企业应当具备相应资质。承担旅游运输的客运车辆、船舶,应当投保法定的强制保险,符合保障人身、财产安全的要求,配备具有相应资质的驾驶员、船员和具有行驶记录功能的卫星定位装置、座位安全带、消防、救生等安全设施设备,并在醒目位置设置旅游咨询和投诉电话的中外文标识。

【释义】

◆本条是关于旅游交通运输企业经营义务的规定。

旅游交通运输企业应突出"安全第一"的经营方针,不断完善运输安全管理制度,强化各项安全措施并有效实施,保障旅游者人身、财产安全。本条对旅游交通运输企业经营义务做了原则性规定:

一是规定从事旅游交通运输的营运企业应当依法具备相应的资质。这就明确了从事旅游交通运输的必须是企业法人,必须具备相应的旅游客运资质。本条同时明确了相关主管部门对从事旅游交通运输的企业应当加强资质认证和监督管理。

二是规定承担旅游运输的客运车辆、船舶,应当投保法定的强制保险,配备具有相应资质的驾驶员、船员和具有行驶记录功能的卫星定位装置、座位安全带、消防、救生等安全设施设备,并在醒目位置设置旅游咨询和投诉电话的中外文标识。这就从金融保险、从业人员、设施设备等方面为旅游者权益保护提供了全方位、无死角的保障。如承担旅游运输的客运车辆、船舶要投保相应责任险,旅游车驾驶员不能超过60周岁,设备必须达到交通部门和文旅部门的规定等。

> 第二十七条　旅游购物场所应当证照齐全,在醒目位置标明旅游咨询和投诉电话。购物场所应当安装内外全景、购物全过程的视频监控系统,视频监控信息记录保存时间不少于三十日。
>
> 旅游购物场所经营者应当向旅游者提供发票等购货凭证。

【释义】

◆本条是关于旅游购物场所经营义务的规定。

旅游购物是旅游纠纷和旅游投诉高发环节之一。旅游购物往往是一次性的交易,存在严重的信息不对称,属于一般市场机制失灵的领域,必须给予特别保护。为了便于旅游者及时维权和主管部门调查取证,本条规定了旅游购物经营者的相关义务。

一是规定旅游购物场所应当具备的《食品经营许可证》《药品经营许可证》《营业执照》《税务登记证》《公共场所卫生许可证》《消防意见书》等证照,必须证照齐全,在醒目位置标明旅游咨询和投诉电话。这便于旅游者及时维权,也方便主管部门监督检查。

二是规定了购物场所应当安装内外全景、购物全过程的视频监控系统,视频监控信息记录保存时间不少于三十日。这一规定在于建立旅游购物纠纷取证系统和监督管理系统,便于调查取证,快速解决旅游购物纠纷。

三是规定了旅游购物场所经营者应当向旅游者提供发票等购货凭证,以方便旅游者向有关部门维权。

第二十八条 以俱乐部、车友会、协会等形式经营自驾、徒步、骑行等旅游业务的,应当依法取得旅行社经营资质,并与旅游者签订书面协议,制定相应应急预案。

旅游者自发组织自驾、徒步、骑行等旅游活动的,召集者、组织者应当具备必要的导向与联络、应急与救护等工具和设备,并告知可能危及旅游者人身、财产安全的注意事项。

《江西省旅游者权益保护条例》释义

【释义】

◆本条是关于规范自驾、徒步等旅游业务或者活动的规定。

随着自驾、徒步、骑行等旅游新业态的蓬勃发展,现实中也出现了一些不利于保护旅游者权益的事件。如 2019 年 7 月 21 日,由南昌众城户外群、江南户外群、户外健身旅游群、人生何处不相逢户外群、云端户外群 5 个户外群 252 人,另自驾游 3 辆小客车 17 人和 4 辆越野车 14 人,共计 283 人,分别通过微信群等自发组织到靖安县高湖镇西头村吕阳洞沿河进行户外徒步运动,期间,遭遇山洪,发生了 4 人遇难的事故。如何规范自驾、徒步、骑行等新型旅游业态,更全面保护旅游者的权益,本条分别对经营行为和非经营行为作出了规定。

一是规定以俱乐部、车友会、协会等形式经营自驾、徒步、骑行等旅游业务的,应当依法取得旅行社经营资质,并与旅游者签订书面协议,制定相应应急预案。这就要求以俱乐部、车友会、协会等形式经营自驾、徒步、骑行等旅游业务的,必须是取得旅行社经营许可证的企业法人,纳入全省统一的旅行社管理。旅行社是企业法人,必须执行国家强制标准和行业标准,制定相应的安全应急预案,并投保旅行社责任险,交相应的旅行社质量保证金,从而从源头上保护旅游者的权益。

二是对自发组织自驾、徒步、骑行等旅游活动的召集者、组织者作出了义务规定。规定其必须具备必要的导向与联络、应急与救护等工具和设备,并告知可能危及旅游者人身、财产安全的注意事项,为旅游行为提供了具体指南,否则要承担相应的法律责任。

> 第二十九条 经营潜水、漂流、摩托艇、水上拖曳伞、低空飞行、过山车、蹦极以及其他高风险旅游项目的,应当按照国家有关规定取得经营许可。
>
> 高风险旅游项目经营者对项目存在的风险及安全防范等有关事项,应当以明示的方式事先向旅游者作出说明或者警示,按照有关规定投保相关责任保险,同时提示旅游者可以投保人身意外伤害保险。
>
> 旅游经营者应当对参与高风险旅游项目的旅游者进行相应的安全培训。

【释义】

◆本条是关于高风险旅游项目经营义务的规定。

当前,潜水、漂流、摩托艇、水上拖曳伞、低空飞行、过山车、蹦极等高风险旅游项目的旅游市场逐渐发育,出现了一大批专业经营高风险项目的经营者。本条规定了高风险旅游经营者的义务。

一是规定经营高风险旅游项目的,应当按照国家有关规定取得经营许可。这在规范经营者的同时,也为尚未建立许可证制度的高风险旅游项目提出了建章立制的要求。

二是规定高风险旅游项目经营者对项目存在的风险及安全防范等有关事项,应当事先向旅游者作出说明或者警示。这具体化了旅游者的知情权。

三是规定高风险旅游项目经营者应当按照有关规定投保相关责任保险,同时提示旅游者可以投保人身意外伤害保险。这就明确了高风险旅游项目经营者应当与保险公司议定并购买相关责任险。人身意外伤害保险属于商业险,由旅游者个人自愿购买,明确了高风险旅游项目经营者有提示旅游者可以投保人身意外伤害保险的义务,可提高旅游者权益保护力度。

四是规定高风险旅游项目经营者及其从业人员应当对参与高风险旅游项目的旅游者进行相应的安全培训。这就要求旅游经营者必须具备相应的培训能力与培训制度,并有效实施。

第三十条 研学旅行主办者、承办者和供应者应当按照国家有关规定制定安全管理制度,采取有效安全措施,配备必要安全人员,随团开展安全教育和防控工作。

旅行社承办研学旅行的,应当为依法注册的旅行社,且连续三年内无重大质量投诉、不良诚信记录、经济纠纷及重大安全责任事故。

研学旅行主办者不得安排高空、高速、水上、潜水、探险等高风险旅游项目。

【释义】

◆本条是关于开展研学旅行的经营者义务的规定。

本条例所谓的研学旅行,是指按教育部等11部门印发的《关于推进中小学生研学旅行的意见》的标准与要求组织开展的中小学生课程教育活动。中小学生属于未成年人,应当给予特别保护,本条规定了开展研学旅行的经营者义务。

一是规定研学旅行主办者、承办者和供应者应当按照国家有关规定制定安全管理制度,采取有效安全措施,配备必要安全人员,随团开展安全教育和防控工作。目前,本条所指国家有关规定主要指教育部等11部门印发的《关于推进中小学生研学旅行的意见》中的相关规定。

二是规定旅行社承办研学旅行的,应当为依法注册的旅行社,且连续三年内无重大质量投诉、不良诚信记录、经济纠纷及重大安全责任事故。根据教育部等11部门印发的《关于推进中小学生研学旅行的意见》中关于承办研学的旅行社的资质的规定,本条明确了依法开展研学旅行的标准,破解了研学旅行中的安全保障、服务标准、从业人员资质认定等系列难题。

三是规定开展研学旅行的主办者不得安排高空、高速、水上、潜水、探险等高风险旅游项目。教育部门或者学校开展研学旅行,小学阶段以乡土乡情为主、初中阶段以县情市情为主、高中阶段以省情国情为主,考虑到高风险旅游项目不符合以上研学旅行活动课程体系设计原则,同时开展研学旅行应当强调预防为重、确保安全的基本前提,因此,规定研学旅行主办者不得安排高风险旅游项目是慎重和合理的。

《江西省旅游者权益保护条例》释义

第三十一条 提供老年旅游服务的经营者,应当对老年旅游存在的潜在风险、老年旅游者的身体健康要求等做好安全提醒。旅行社组织、接待老年旅游团,应当配备具有紧急物理救护等业务技能、了解一般医疗常识、具有至少三年导游从业经验的领队或者导游,并选择适合老年旅游者身体条件、适宜老年旅游者的旅游景点和游览、娱乐项目,不得安排高风险或者高强度的旅游项目。

【释义】

◆本条是关于开展老年人旅游的经营者义务。

根据《中华人民共和国老年人权益保障法》第二条的规定,凡年满60周岁的中华人民共和国公民都属于老年人。对老年人应当给予特别保护。本条规定了提供老年人旅游的经营者义务。

一是规定提供老年旅游服务的经营者,应当对老年旅游存在的潜在风险、老年旅游者的身体健康要求等做好安全提醒。这属于经营者提醒义务。旅游经营者必须根据老年旅游存在的普遍和一般的潜在的人身和财产安全风险,设计提醒内容和方式,并有效实施,旅游经营者还必须有效收集老年旅游者有关身体健康的具体情况,做好有针对性的提醒工作。

二是规定提供老年旅游服务的经营者,应当配备具有紧急物理救护等业务技能、了解一般医疗常识、具有至少三年导游从业经验的领队或者导游。这是对领队或者导游等从业人员提出的要求。提供老年旅游服务的经营者,配备的领队或者导游不具有紧急物理救护等业务技能、不了解一般医疗常识、不具有至少三年导游从业经验,一旦老年旅游者在旅游中出现不适等情形,均承担不利的法律后果。同时,旅游主管部门应当加强对提供老年旅游服务活动的监督管理,保护好老年旅游者的权益。

三是规定提供老年旅游服务的经营者,应当选择适合老年旅游者身体条件、适宜老年旅游者的旅游景点和游览、娱乐项目,不得安排高风险或者高强度的旅游项目。这属于禁止性规定。此外,有关主管部门可以结合老年旅游者身体条件制定相关旅游服务具体目录。

第三十二条 旅游经营者在网络交易第三方平台为旅游者提供交通、住宿、餐饮、游览、娱乐等代订服务的,选择的服务提供者应当具有相应资质,旅游产品和服务信息应当真实、准确。

网络交易第三方平台提供者为旅游经营者提供交易服务的,应当对其进行实名登记,审查旅游产品和服务信息的真实性,并进行公布。发现旅游经营者严重违法行为的,应当立即停止对其提供网络交易平台服务,并报告其注册地文化和旅游主管部门。

【释义】

◆本条是关于网络交易第三方平台经营者义务的规定。

随着携程、去哪儿、驴妈妈等网络交易平台的崛起,旅游经营者在网络交易第三方平台为旅游者提供交通、住宿、餐饮、游览、娱乐等代订服务日益增多,引发的旅游纠纷也日益增多。本条从以下几方面规定了开展网络交易第三方平台业务的经营者义务。

一是规定旅游经营者在网络交易第三方平台为旅游者提供交通、住宿、餐饮、游览、娱乐等代订服务的,选择的服务提供者应当具有相应资质,旅游产品和服务信息应当真实、准确。旅游经营者在网络交易第三方平台上,为旅游者提供旅游业务代订服务时,有义务查证服务提供者的资质,并确保提供旅游产品与服务信息的真实性、准确性。当旅游者因上述资质、真实性、准确性原因致使利益受损时,由旅游经营者承担责任。服务提供者欺诈旅游经营者或旅游者,造成旅游者损失的,旅游经营者向旅游者赔偿后,可向服务提供者追偿。

二是规定网络交易第三方平台提供者为旅游经营者提供交易服务的,应当对其进行实名登记,审查旅游产品和服务信息的真实性,并进行公布。这里的网络交易第三方平台提供者为携程、去哪儿等平台公司本身,而非其承包者、分销商等其他个人或组织。这里的旅游经营者为旅行社、旅游饭店、民宿等企业和个体经营户。网络交易第三方平台提供者同意为旅游经营者与服务提供者提供第三方平台时,应审查其交易内容的真实性,进行实名登记,并在其平台上公布。旅游者因网络交易第三方平台提供者未善尽实名登记、真实性审查和信息公布义务而利益受损的,既可向旅游经营者追偿,也可向网络交易第三方平台提供者追偿。服务提供者或旅游经营者欺骗网络交易第三方平台提供者的,网络交易第三方平台提供者向旅游者赔偿后,可向服务提供者或旅游经营者追偿。

三是规定网络交易第三方平台提供者发现旅游经营者严重违法行为的,应当立即停止对其提供网络交易平台服务,并报告其注册地文化和旅游主管部门。如不执行,构成侵权责任,因网络交易第三方平台提供者不作为,造成旅游者利益损失的,旅游者可向旅游经营者追偿,也可向网络交易第三方平台提供者追偿。

第三十三条　本省行政区域内的旅游搜索引擎提供者为旅行社及其旅游产品提供付费搜索信息服务的,应当核实相关信息,保证其真实、准确,对付费搜索信息逐条加注显著标识。

《江西省旅游者权益保护条例》释义

【释义】

◆本条是关于本省行政区域内的旅游搜索引擎提供者义务的规定。

当前,利用百度、搜狗等综合性搜索引擎和去哪儿旅游搜索引擎、易观等专业性旅游搜索引擎,已成为旅游者寻找和查证旅游信息的重要选择。本条所指旅游搜索引擎提供者,特指为旅行社及其旅游产品提供付费搜索信息服务的搜索引擎企业,可以是专为旅行社及其旅游产品提供付费搜索信息服务的搜索引擎企业,也可以是业务范围内包括为旅行社及其旅游产品提供付费搜索信息服务的搜索引擎企业。其义务如下:

一是旅行社及其旅游产品提供付费搜索信息服务时,应当核实相关信息,保证其真实、准确。因旅游搜索引擎提供者提供的信息不真实、不准确造成旅游者利益损失的,旅游者可以向旅行社追偿,也可以向旅游搜索引擎提供者追偿。

二是规定旅游搜索引擎提供者应当对付费搜索信息逐条加注显著标识。既不可以不加注,也不可以仅在网站简介等处统一说明或模糊说明,这样可以更具体地保障旅游者的知情权。因旅游搜索引擎提供者未对付费搜索信息逐条加注显著标识,造成旅游者利益损失的,旅游者可以向旅行社追偿,也可以向旅游搜索引擎提供者追偿。

第三十四条 旅游经营者及其从业人员不得有下列行为：

（一）向旅游者提供的旅游服务信息含有虚假内容或者作虚假宣传；

（二）假冒其他旅游经营者的注册商标、品牌或者质量认证标志，冒用其他旅游经营者的名义从事经营活动；

（三）不履行与旅游者的合同义务或者不按合同约定履行；

（四）以不公平、不合理的格式条款、通知、声明、店堂告示等方式限制旅游者权利或者减免旅游经营者的义务；

（五）向旅游者提供的旅游服务质价不符；

（六）强行滞留旅游团队或者在旅途中甩团、甩客；

（七）诱导、胁迫、欺骗旅游者购买商品、接受服务，或者向旅游者索取额外费用；

（八）以营利为目的，未经旅游者同意，擅自拍摄旅游者照片，或者在旅游景点设置影响旅游者游览和自由摄影的设施；

> （九）在讲解、介绍中掺杂庸俗下流的内容，谩骂、讽刺、侮辱旅游者，以及不尊重旅游者的宗教信仰和民族风俗习惯；
> （十）擅自泄露旅游者个人信息；
> （十一）其他损害旅游者合法权益的行为。

【释义】

◆本条是关于旅游经营者及其从业人员禁止损害旅游者合法权益的规定。

本条以问题导向，针对现实中存在的旅游经营者及其从业人员损害旅游者合法权益的行为作了禁止性规定。这些损害旅游者合法权益的行为，在《中华人民共和国旅游法》《旅行社管理条例》《导游管理办法》等法律、法规和规范性文件中已作规范，并有相关处罚规定，本条不再作重复表述。

第四章　监督管理

建立健全旅游市场的监督工作机制，充分发挥政府、旅游者、旅游企业和新闻媒体各种力量，才能使旅游者的合法权益得到更有效的保护。为此，本章共设置七条，主要对旅游市场综合监督机制、旅游安全监管、监督检查权、旅游诚信体系建设、旅游质量提升、旅游投诉受理、高风险旅游项目安全监管等进行了规定。

第三十五条 县级以上人民政府应当建立旅游市场综合监管制度,健全信息汇集、及时研判、综合调度、快速反应、高效处置的工作机制。

县级以上人民政府文化和旅游主管部门应当推进智慧旅游发展,建立旅游信息服务体系,向旅游者提供旅游景区、线路、交通、气象、客流量预警、餐饮、住宿、购物、医疗急救等旅游信息和咨询服务;建立旅游安全监管体系,加强旅游者权益保护。

【释义】

◆本条是关于建立旅游市场综合监督机制和服务体系的规定。

旅游业是综合性产业。随着全域旅游的发展,要维护旅游市场良好秩序和"江西风景独好"的旅游品牌形象,需要进一步强化"政府主导、部门联动"的综合监管体制建设,并积极运用先进的互联网技术,推进智慧旅游,做到一部手机游江西,实施网上监管,提高服务效率,不断提升旅游者的安全感、获得感、幸福感。

针对旅游经营涵盖多种利益主体,旅游监管的对象较复杂这一现象,《中华人民共和国旅游法》中明确规定,县级以上人民政府对旅游市场实施综合监管。本条结合江西旅游市场的特点对此进行了重申。同时,为适应旅游业发展的客观需要,各地要建立有利于综合监管的工作机制,全面提高旅游市场综合监管水平:一是健全信息汇集,要汇集包括社会公众监督在内的各方面的有效信息;二是及时研判,对侵害旅游者权益的问题要及时查清楚原因;三是综合调度,对涉及多个管理部门的要利用政府力量综合调度;四是快速反应,即问题发生后要建立快速反应处置机制;五是高效处置,对涉及旅游者核心诉求的问题处理要高效有力。

目前,旅游市场监管是政府多部门共同执法,依法做好监管工作。随着互联网技术的发展,江西省各级文化和旅游主管部门应当依法行政,利用现代信息技术,完善旅游基础信息数据库及大数据平台,并与有关部门的信息实现互联互通,及时向旅游企业、电子商务平台开放,推进智慧旅游发展。一方面要建立基于移动互联网新媒体的智慧旅游营销体系和游客信息服务体系,向旅游者提供旅游景区、线路、交通、气象、客流量预警、餐饮、住宿、购物、医疗急救等旅游信息和咨询服务;另一方面要逐步建立在线行政审批、产业统计分析、旅游安全监管等智慧旅游管理体系,以此提升旅游者的安全感、获得感、幸福感。

第三十六条 县级以上人民政府应当组织编制旅游突发事件应急预案、开展应急演练。突发事件发生时,设区的市和县级人民政府及其有关部门应当立即启动应急预案,采取相应措施。

县级以上人民政府应急管理等部门应当按照职责组织开展旅游突发事件应急救援工作，监督、指导和协调有关部门开展旅游安全监督管理工作。

县级以上人民政府文化和旅游部门、应急管理、公安、消防救援、卫生健康、市场监督管理、交通运输、气象等部门，应当按照各自职责在重大节庆、假日、赛事、会展等活动期间和台风、暴雨等气象灾害期间，组织对旅游安全开展重点检查。必要时，依法向社会发布旅游安全警示。

【释义】

◆本条是关于县级以上人民政府及其相关职能部门履行旅游安全监督管理职责的规定。

安全是旅游的生命线，没有安全就没有旅游。县级以上人民政府及涉旅各职能部门应当严格履行安全监管职责，采取有效措施，切实维护旅游者生命、财产安全，维护江西省旅游安全目的地形象。

根据《中华人民共和国突发事件应对法》，突发事件是指突然发生，造成或者可能造成严重社会危害，需要采取应急处置措施予以应对的自然灾害、事故灾难、公共卫生事件和社会安全事件。旅游活动具有广泛性、综合性、复杂性等特点，各类旅游突发事件时有发生，因此，编制旅游突发事件应急预案很有必要。旅游突发事件会涉及县级以上人民政府文旅、安监、公安、应急、消防、交通、卫生、质监、农业、住建等众多管理部门,不是一个部门就可以进行处置的。因此,其应急预案应由县级以上人民政府统一编制,并开展相应的应急演练。当旅游突发事件发生时,事件发生地的设区的市和县级两级人民政府及有关部门应当立即启动应急预案,并采取相应措施进行处置。

应急管理部门主要承担指导各部门应对突发事件工作,推动应急预案体系建设和预案演练,统筹应急力量并统一调度,负责安全生产综合监督管理。根据《中华人民共和国突发事件应对法》,突发事件发生后,发生地县级人民政府应当立即采取措施控制事态发展,组织开展应急救援和处置工作。此外,县级以上人民政府应急管理等部门还应当监督、指导和协调有关部门开展旅游安全监督管理工作。

重大节庆、假日、赛事、会展等活动期间是旅游客流的高峰期,往往也是旅游突发事件的高发期。因此,在这些时段由县级以上文化和旅游管理部门、应急管理、公安、消防、卫生健康、市场监督管理、交通运输、体育等部门对旅游重点环节、重点地区开展旅游安全重点检查,可以有效地防止旅游突发事件的发生,也完全符合突发事件应对工作"预防为主、预防与应急相结合"的原则,有利于保障人民群众的生命和财产安全,维护江西省旅游安全目的地形象。在必要的时候,借鉴国家文化和旅游部发布旅游出行警示的做法,相关部门应当在自然灾害及其他重大危机事件发生时向社会发布旅游安全警示。

> **第三十七条** 县级以上人民政府相关职能部门依法对旅游经营者和旅游从业人员的旅游经营行为实施监督检查时，有权对涉嫌侵害旅游者合法权益的合同、票据、账簿以及其他相关资料进行查阅、复制。

【释义】

◆本条是关于县级以上人民政府相关职能部门履行查阅、复制有关合同、票据、账簿以及其他相关资料监督检查权的规定。

旅游行政执法是县级以上人民政府相关职能部门履职的重要方面，本条对文化旅游、公安、消防、卫生健康、市场监督管理等职能部门，在旅游行政执法中具有查阅、复制有关合同、票据、账簿以及其他相关资料监督检查权作出了具体规定。

旅游活动涉及面广，其监管工作涉及多个部门。县级以上人民政府相关职能部门，主要包括文化旅游、应急管理、公安、消防、卫生健康、市场监督管理、交通运输、体育等。监督检查的方式包括日常检查、抽查、根据投诉和举报进行调查检查等。

根据本条规定，监督检查事项的范围是旅游经营者和旅游从业人员的旅游经营行为。根据《中华人民共和国旅游法》规定，旅游经营者是指旅行社、景区以及为旅游者提供交通、住宿、餐饮、购物、娱乐等服务的经营者。这里的旅游经营者包括自然人（公民）、法人或者其他组织，而不只是经工商注册登记的公司；不仅可以是营利为目的，也可以是非营利性的;既包括实体旅游经营者,也包括网络旅游经营者。旅游从业人员是指与旅游经营者建立劳动关系,为旅游者提供旅游服务的人员,主要包括导游(含领队)、旅游景区员工、旅游酒店员工等。

旅游经营行为是指为旅游者提供旅游产品或者服务,旅行社招徕旅游者,并为其提供产品打包及组织、接待、导游等服务;景区、交通、住宿、餐饮、购物等经营者主要为旅游者提供食、宿、行、游、购、娱等服务。旅游经营行为的范围较为宽泛,县级以上人民政府相关职能部门可以依法对上述经营者的旅游经营行为实施监督检查。

本条规定的查阅、复制权,是证据保全的需要。在规定这一权利的同时,也作出了必要的限定,即强调"对涉嫌违法"的"合同、票据、账簿以及其他相关资料"才能查阅、复制,主要是为防止相关职能部门及其人员滥用职权,侵犯企业和个人的合法权益。如何科学规范使用该权利,避免对旅游经营造成影响,需要在实际操作中进一步探索,相关职能部门要配套出台规范履行该项职权时的相关管理制度。

第三十八条 县级以上人民政府应当推进旅游业诚信体系建设,将旅游经营者的身份信息、警示信息、良好信息和违法信息等信用信息归集至公共信用信息平台,并向社会公开。对严重违法失信的旅游经营者和从业人员,按照国家规定列入旅游市场黑名单管理,并予以联合惩戒。

> 县级以上人民政府文化和旅游主管部门及有关部门可以根据旅游经营者的信用状况，实行分级分类管理，对有不良信用记录的旅游经营者进行重点管理。

【释义】

◆本条是关于县级以上人民政府加强旅游诚信体系建设的规定。

信用是市场的基石，信用制度是提升旅游服务质量、维护旅游者合法权益的重要保障。各级政府应当加快建立和完善守信联合激励和失信联合惩戒制度，将列入旅游市场黑名单的市场主体和从业人员作为重点监管对象，加大监管力度。

《中华人民共和国消费者权益保护法》第十六条规定，经营者向消费者提供商品或者服务，应当恪守社会公德，诚信经营。《中华人民共和国旅游法》第六条规定：旅游经营者应当诚信经营，公平竞争，承担社会责任。旅游诚信经营是指在旅游经营活动中以诚为本，公平确定与交易对方的权利义务，讲求信用，严格履行合同。要积极落实并推动旅游经营者诚信经营，并构建旅游业诚信体系，需要县级以上人民政府综合社会各方力量。加强旅游业诚信体系建设，不能单靠政府的某个职能部门来实施。

国务院《关于加强法治政府建设的意见》中规定，县级以上人民政府要建立相关机制，促进行政执法部门信息交流和资源共享。这是本条设定的参考依据之一。这些信息主要包括：旅游经营者或从业人员的身份信息、获得表彰或奖励的信息,政府发布的旅游警示信息,旅游经营获得的良好评价信息以及受到处理的违法信息等。根据《政府信息公开条例》,行政机关应当将主动公开的政府信息,通过政府公报、政府网站、新闻发布会以及报刊、广播、电视等便于公众知晓的方式公开。

对严重违法失信的旅游经营者和从业人员,列入旅游市场黑名单管理。旅游市场黑名单管理是指文化和旅游行政部门将严重违法失信的旅游市场主体和从业人员、人民法院认定的失信被执行人列入全国或者地方旅游市场黑名单,在一定期限内向社会公布,实施信用约束、联合惩戒等措施的统称。根据文化和旅游部《旅游市场黑名单管理办法(试行)》的规定,具有下列情形之一的旅游市场主体和从业人员将列入本辖区旅游市场黑名单:(1)因侵害旅游者合法权益,被人民法院判处刑罚的;(2)在旅游经营活动中因妨害国(边)境管理受到刑事处罚的;(3)受到文化和旅游行政部门或者文化市场综合执法机构吊销旅行社业务经营许可证、导游证处罚的;(4)旅游市场主体发生重大安全事故,属于旅游市场主体主要责任的;(5)因侵害旅游者合法权益,造成游客滞留或者严重社会不良影响的;(6)连续12个月内两次被列入旅游市场重点关注名单的(重点关注名单管理办法另行制定);(7)人民法院认定的失信被执行人;等等。

对于严重违法失信的旅游市场经营者和从业人员,除按照国家规定列入旅游市场黑名单管理之外,还要通报相关部门,实施联合惩戒,主要包括:增加检查频次,加大监管力度,发现再次违法违规经营行为的,依法从重处罚;法定代表人或者主要负责人列入黑名单期间,依法限制其担任旅游市场主体的法定代表人或者主要负责人,已担任相关职务的,按规定程序要求变更,限制列入黑名单的市场主体变更名称;对其新申请的旅游行政审批项目从严审查;对其参与评比表彰、政府采购、财政资金扶持、政策试点等予以限制;对列入旅游市场黑名单的失信被执行人及其法定代表人、主要负责人、实际控制人、影响债务履行的直接责任人员在高消费旅游方面实施惩戒,限制其参加由旅行社组织的团队出境旅游。

旅游经营者主体复杂,信用状况差别很大,对其实行分级分类管理,可以有效提升信用管理的效果。对于有不良信用记录的旅游经营者,文化和旅游主管部门及有关部门可以进行重点管理,建立"重点关注名单"制度,并根据需要适当增加检查的频次。旅游经营者的信用状况,可以作为有关部门批准行政许可申请的重要参考。

第三十九条 县级以上人民政府文化和旅游主管部门应当建立以旅游者满意度为核心的旅游质量评价制度,推进旅游服务标准化建设,加强旅游新业态和产业融合类旅游服务标准的制定和推广,完善旅游质量动态监督管理机制和社会监督机制。

【释义】

◆本条是关于县级以上人民政府文化和旅游主管部门推进旅游质

量提升义务的规定。

经过几十年的快速发展,我国旅游业正在进入提高管理服务水平、提升旅游品质的大众旅游新阶段。因此,旅游服务质量提升工作显得更加重要,需纳入地方各级政府质量提升工作总体部署,建立相应的服务质量提升领导与协调机制,并坚持发挥行业标准的引领作用,以此提升旅游管理和服务水准。县级以上人民政府文化和旅游主管部门应当重点加强旅游新业态和产业融合类旅游服务标准的制定修订工作;建立和完善旅游景区、旅游饭店、旅行社、导游等星级和A级标准的动态监管机制;加大旅游服务标准的宣传贯彻和培训力度,尤其要对游客宣传旅游标准,使游客了解优质旅游服务应达到的相应水平,增强监督能力,倒逼旅游经营者提升服务质量。

2009年国务院第41号文件明确提出旅游业的两大建设目标:一是把旅游业建设成为国民经济的战略性支柱产业;二是把旅游业建设成为人民群众更加满意的现代服务业。由此可见,旅游者满意是我国旅游业发展的主要目标和方向。同时,旅游是新时代人民美好生活和精神文化需求的重要内容,是人民群众获得感和幸福感的重要体现,是展示国家形象和国民素质的重要窗口。因此,建立以旅游者满意度为核心的旅游质量评价制度,符合新时代旅游发展的根本要求,也是旅游业高质量发展的主要体现。这一条也是对《江西省旅游条例》第六十四条所提出的"县级以上人民政府旅游主管部门应当建立以旅游者满意度为核心的旅游质量评价制度"的重申。

随着我国旅游业的迅猛发展和市场经济的不断深入,旅游标准化工作已成为旅游行业管理工作的重要手段之一。推进旅游标准化建设：一是要积极采用国家标准或行业标准，积极与相关标准接轨，积极制订本地旅游标准，参加有关国家标准的研究、制订工作；二是要以标准实施促进质量提升，重点加强旅游新业态和产业融合类旅游服务标准的制定修订工作，要研究制订地方标准，并大力进行推广；三是要加大旅游服务标准的宣传贯彻和培训力度，尤其要对游客宣传旅游标准，使游客了解优质旅游服务应达到的相应水平，增强监督能力，倒逼旅游经营者提升服务质量；四是要开展旅游标准化试点工作，创新旅游服务标准化管理体制，形成政府、市场主体和行业组织协调配合、共同推进的工作格局。

旅游服务质量存在一定的动态性、不稳定性。为此，需要建立和完善旅游景区、旅游饭店、旅行社、导游等星级和 A 级标准的动态监管机制，破除旅游质量等级终身制，充分调动各类旅游经营主体提升旅游服务质量。这将促使各类旅游经营主体不仅重视创评工作，也会重视日常服务管理工作。旅游经营者的服务质量不符合相应的服务质量等级标准的，县级以上人民政府文化和旅游主管部门应当责令限期整改；经整改仍不符合要求的，应当降低或者取消其已经授予的质量等级。近几年，江西省文化和旅游部门对多家旅游景区、旅游饭店进行明察暗访，对于一些不达标的企业进行了摘牌或警告处理，有效地推动了旅游服务质量建设。

为进一步完善全社会共同参与的旅游服务质量监督机制，营造规范有序的旅游市场环境，江西省已建立旅游服务质量社会监督制度，全省已选聘数百名旅游服务质量社会监督员,为旅游部门推动解决旅游业发展中的瓶颈问题,加快"畅游江西"公共服务体系建设出谋划策。同时,旅游团队也可以推选旅游服务质量监督员,代表本团队全体旅游者对旅游经营和服务质量实行监督,向文化和旅游主管部门反映旅游服务质量的有关问题。

第四十条 县级以上人民政府应当指定或者设立统一的旅游投诉受理机构,公布旅游投诉监督电话和网站等信息。

县级以上人民政府旅游投诉受理机构应当自接到投诉之日起三个工作日内作出受理或者不予受理的决定。投诉受理属于职权范围内的,应当及时进行处理;不属于职权范围内的,受理后当日内移交相关职能部门处理。不予受理的,应当及时告知投诉者不予受理的理由。

相关职能部门应当自投诉受理之日起七个工作日内作出处理决定,并反馈旅游投诉受理机构。情况复杂的,经本部门负责人批准可以延长,但最长不得超过三十日。法律另有规定的从其规定。旅游投诉受理机构应当统一将处理情况向旅游者反馈。

《江西省旅游者权益保护条例》释义

【释义】

◆本条是关于旅游投诉受理的规定。

旅游投诉是旅游者维权最便捷的途径之一,也是旅游者维权最普遍的方式之一。县级以上人民政府应当设立统一的旅游投诉受理机构、建立统一受理的工作机制,加大旅游投诉电话和其他相关方式的告知力度。各职能部门应各司其职,加强协调配合,不断提高工作效率,及时有效维护旅游者合法权益。

《中华人民共和国旅游法》第九十一条明确规定,县级以上人民政府应当指定或者设立统一的旅游投诉受理机构。条例设置这一条也是对上述规定的重申。建立统一的投诉受理机构,使旅游者的诉求可以通过这一机构,以尽可能简单的方式转达到各有权处理投诉的部门。按照此要求,各级政府应当承担起统筹各部门受理有关旅游投诉的职能,指定或者设立统一的旅游投诉受理机构,并对该机构的职能、运作等事项做出配套规定。旅游投诉受理机构要公布旅游投诉监督电话和网站等信息。

本条所指"受理"是指接受旅游者的投诉请求。据此,投诉受理机构在接到旅游者的投诉请求后,需要如实将投诉人姓名、联系方式、具体请求事项等有关情况记录在案。县级以上人民政府旅游投诉受理机构应当自接到投诉之日起三个工作日内作出受理或者不予受理的决定。投诉受理属于职权范围内的,应当及时进行处理;不属于职权范围内的,受理后当日内移交相关职能部门处理。不予受理的,应当及时告知投诉者不予受理的理由。这比《江西省旅游条例》第六十三条规定的五个工作日的时间大大缩短了,可以更加及时地受理旅游者的投诉,并更加快捷地解决旅游者的各种矛盾。接到旅游者投诉请求并记录在案后,旅游投诉受理机构需要按照政府各部门职责分工,及时将投诉交有关部门进行办理。相关职能部门应当自投诉受理之日起七个工作日内作出处理决定,并反馈旅游投诉受理机构。情况复杂的,经本部门负责人批准可以延长,但最长不得超过三十日。接受投诉后,不论是自己有权处理的,还是需转交其他部门处理的,旅游投诉受理机构都要将确定的处理部门或机构的联系人、联系方式等信息告知投诉人。由投诉受理机构负责处理的,投诉受理机构还应当向投诉人告知投诉处理结果;移交其他部门办理的,投诉受理机构也应当跟踪了解处理情况,并统一将处理情况向旅游者反馈。

第四十一条 负责许可的部门应当加强对潜水、漂流、摩托艇、水上拖曳伞、低空飞行、过山车、蹦极等高风险旅游项目的安全监督管理。法律、法规未明确规定安全监督管理部门的,由高风险旅游项目所在地县级以上人民政府确定。

【释义】

◆本条是关于加强高风险旅游项目安全监督管理的规定。

随着旅游业态和旅游项目的不断发展创新,有些供专业人员进行的活动发展成为大众旅游项目。《中华人民共和国旅游法》首次正式提出高风险项目,并概括列举了高风险项目的五种类型:高空、高速、水上、潜水、探险。高空项目包括滑翔伞、热气球、动力伞等空中项目;高速项目包括轮滑、滑雪、卡丁车、过山车等速度类项目;水上项目包括摩托艇、水上拖曳伞、漂流等水域类项目;潜水项目主要指旅游者穿戴潜水服、氧气瓶等潜入水下的观光、休闲项目;探险项目包括穿越高山、峡谷、攀岩、蹦极等项目。江西省根据江西旅游资源特点,突出了对潜水项目、水上项目(漂流、摩托艇、水上拖曳伞)、高速项目(过山车)、探险项目(蹦极)四类项目的监管,并增加对旅游低空飞行项目的监管。这些项目一般由谁许可,谁就负责项目的安全监管工作。这将有效地提升安全监管工作的针对性、有效性和科学性。

由于高风险项目在我国提出的时间比较晚,高风险项目并没有具体的项目目录及其对应的实施许可和监管的部门、条件和程序,随着我国旅游新业态的不断丰富,必然会有一些新型的高风险项目涌现,在没有现行许可部门的前提下,县级以上人民政府可以确定相应的许可部门,并对其安全工作进行监管。

此外,高风险旅游项目经营者应当依法投保相关责任保险。

第五章 争议的解决

旅游者在旅游活动中与旅游经营者及其从业人员发生旅游者权益

《江西省旅游者权益保护条例》释义

争议,是难以避免的,只有合法的解决好争议,才能有效化解各类旅游矛盾,提升旅游者的满意度。为此,本章设置了六条,专门对争议的解决进行了规范:一是规定了旅游者维护权益的途径;二是规定了加快争议解决的创新机制;三是规定了旅游购物先行赔付制度;四是规定了网络交易的争议解决;五是规定了网络信息搜索的责任义务;六是规定了旅行社、导游违规安排购物的责任。

> **第四十二条** 旅游者与旅游经营者及其从业人员发生旅游者权益争议的,可以通过下列途径解决:
> (一)双方协商和解;
> (二)向旅游投诉受理机构、相关消费者保护机构或者有关调解组织请求调解;
> (三)根据双方的仲裁协议提请仲裁机构仲裁;
> (四)向人民法院申请诉前调解或者提起诉讼。

【释义】

◆本条是关于旅游者维护权益的途径的规定。

依据《中华人民共和国消费者权益保护法》《中华人民共和国旅游法》的相关规定,旅游纠纷属于民事纠纷,由当事人自愿选择解决的方式和途径。双方协商和解、调解、仲裁和诉讼等途径,具有不同的特点,旅游者可以根据自身需要运用、保护自己的合法权益。

双方协商和解是指由旅游者和旅游经营者双方协调,在自愿平等的基础上,本着解决问题的诚意,通过摆事实讲道理,交换意见互谅互让,从而协商解决争议的一种方法。这种方法直接、及时、平和、成本低,对双方都有利。但双方协商的缺点在于协商结果无法律上的强制力,一旦一方或双方反悔,则需要通过其他途径再行解决。

调解是指在中立第三方的主持下,通过劝解、疏导等,双方自愿进行协商,达成协议、解决纠纷的方法。调解有利于消除隔阂、防止矛盾激化,维护社会稳定,被实践证明是快速解决民事纠纷较为有效的方式。调解需要在双方自愿的基础上进行,调解纠纷所运用的依据不得违反法律法规的禁止性规定。

关于主持调解的第三方的选择,本条采取列举和指引相结合的方法表述:一是旅游投诉受理机构,根据本条例规定,旅游投诉受理机构具有调解功能,争议双方也可向其申请调解;二是相关消费者保护机构,旅游者是消费者,旅游纠纷是消费纠纷,根据《中华人民共和国消费者权益保护法》的规定,消费者协会具有调解功能,旅游争议双方可以向消费者协会申请调解;三是有关调解组织,这里主要是指法定的调解机构——人民调解委员会,《中华人民共和国人民调解法》对人民调解委员会的调解程序和调解协议效力等内容作了规定。当然民间也还有各种各样的调解组织,如当地依法成立的旅游调解委员会。按照本条例规定,只要是在当事人自愿基础上,双方都可以向其提出调解的申请。以调解方式解决纠纷有许多优点:程序灵活简单,纠纷解决效率高;成本低廉,最大限度地避免损失;有利于当事人权利义务的实现;有利于促进双方当事人的团结。需要特别说明的是,根据我国现行法律法规,除经人民调解委员会调解并经人民法院司法确认的调解协议外,一般的调解协议,不具有法律强制力,由双方自愿履行,一旦当事人一方或双方反悔,则需通过其他途径再行解决。

仲裁是指当事人根据事先或事后达成的书面仲裁协议,自愿将争议提交第三方裁决以解决争议的一种法律制度。旅游纠纷在一般情况下都可提交仲裁。按《中华人民共和国仲裁法》规定,当事人用仲裁方式解决争议,应当双方自愿,达成书面仲裁协议,没有仲裁协议,一方申请仲裁的,仲裁机构不予以受理。仲裁没有级别管辖和地域管辖,仲裁机构也不按行政区划设置,当事人可以按双方的意愿选择任何仲裁机构对争议进行仲裁。仲裁裁决具有强制性,当事人应当履行,否则权利人有权申请人民法院强制执行。仲裁实行一裁终局制度,裁决作出后,除被人民法院裁定撤销或者不予以执行的除外,产生法律效力,当事人就同一争议再申请仲裁或者向人民法院起诉的,仲裁委员会或人民法院不予以受理。仲裁庭仲裁旅游纠纷时,其中一部分事实已经清楚,可以就该部分先行裁决。这使得旅游纠纷能迅速得到解决。

旅游纠纷双方在自愿的条件下,可以诉前选择法院调解,也可以直接选择到法院诉讼。诉讼是人民法院代表国家通过行使司法审判权来解决争议的一种途径。人民法院作出的判决或裁定一经生效,就有国家强制力保证其实施,具有最高的权威性和最终的决定力。旅游纠纷主要是旅游者与经营者之间就民事权益所产生的争议,应按民事诉讼程序进行。在解决旅游纠纷的众多方式中,诉讼方式是程序最复杂的一种。虽然这不是纠纷解决的必经方式,但在其他方式都无效而又想解决纠纷的情况下,诉讼就是不得不采用的最终方式。需要说明的是,双方协商、调解不是提起诉讼的必经程序,只要一方认为有必要、可直接向法院提起诉讼。旅游活动一般发生在异地,必然会涉及诉讼管辖的问题。《中华人民共和国民事诉讼法》第二十四条规定:因合同纠纷提起的诉讼,由被告住所地或合同履行地人民法院管辖。对于合同纠纷可以由合同履行地人民法院管辖。旅游合同实际上对于合同的履行地点已经有了约定,即整个旅游的行程范围都是合同履行地。

第四十三条 县级以上人民政府文化和旅游主管部门应当与公安、人民法院等建立行政执法与司法协作机制。在重要旅游景区及游客集散地,可以设立旅游法庭、警务室,快速处理旅游纠纷或者审理旅游案件,保障旅游者合法权益。

在重要旅游景区及游客集散地,可以设立由人民调解员、旅游协会成员、志愿者等组成的旅游调解委员会,及时化解旅游纠纷矛盾。

《江西省旅游者权益保护条例》释义

【释义】

◆本条是关于建立快速处理旅游纠纷机制的规定。

旅游产品和服务具有综合性、无形性和同步性等特点,并且旅游者权益受到侵害后有时比较难取证或保留证据。为了快捷高效地解决旅游纠纷,防止事件发酵扩大,切实维护旅游者合法权益和地区旅游形象,江西省近年来在创新旅游监管体制的实践经验的基础上,大力推进旅游巡回法庭、旅游警察、旅游工商等机构设立,尽可能地把旅游争议、纠纷消灭在萌芽状态。同时,各地设立解决旅游纠纷的人民调解委员会,也可以提升旅游纠纷调解的有效性,切实维护旅游消费者和旅游经营者的合法权益,提升游客对江西旅游消费环境的满意度,营造优质的旅游消费保障环境。

旅游活动具有异地性特点,一旦发生旅游纠纷,旅游者都希望在当地能够最快速度地解决。旅游纠纷的快速解决,不但有利于快速化解矛盾,而且也有利于维护地区的旅游形象。县级以上人民政府文化和旅游主管部门与公安行政机关、法院等部门,依照法定的职权和程序,设立旅游法庭或者旅游巡回法庭、警务室,召开联席会议,共同发布有关化解旅游纠纷的政策文件,联合开展重点旅游纠纷解决专项行动,开展一系培训活动,加强信息沟通等方式建立协作机制,通过这些途径,切实保障旅游者权益。

在重要旅游景区及游客集散地等人流量较大、旅游矛盾较为集中的地方,设立旅游法庭或者旅游巡回法庭、警务室,这是建立行政执法和司法协作机制的重要体现,有利于快捷高效地处理旅游纠纷相关问题。旅游法庭或者旅游巡回法庭主要受理因旅游发生的合同纠纷或侵权纠纷案件,把握旅游纠纷的规律与特点,以快立案、快审案、快执行和灵活的调解为主要手段,以法律宣讲进景区为载体,拓展诉讼服务渠道。设立旅游法庭,有利于完善多元化纠纷解决机制,规范旅游市场中的经营行为,为游客维权提供有力司法保障,促进基层社会治理法治化。旅游警务室主要加强重要旅游景区及游客集散地等日常治安管理、防范和打击违法犯罪行为、调解旅游日常矛盾纠纷,对于推进江西省全域旅游发展,创新警务服务理念,有效提升服务质量,打通旅游服务最后一公里具有重要作用。

旅游纠纷调解优点众多,不足之处在于法律效率有限。为更好地方便化解旅游纠纷矛盾,本条规定可以在重要旅游景区及游客集散地设立旅游调解委员会。旅游调解委员会主要由三类人员组成:一是人民调解员。人民调解员由人民调解委员会委员和人民调解委员会聘任的人员担任。人民调解员通过说服、疏导等方法,促使当事人在平等协商基础上自愿达成调解协议,解决民间纠纷的活动。人民调解员作为基层矛盾纠纷预防与化解的第一道防线,更能第一时间、第一现场、及时靠前化解旅游矛盾纠纷,保障旅游者合法权益,提高旅游者满意度。人民调解员不仅要解决处理好矛盾,还要向旅游企业和游客市民宣传法律法规。二是旅游协会成员。旅游协会作为行业组织,其成员熟悉行业情况、代表本行业利益、反映本行业要求,将其列入旅游调解委员会,可以提升旅游调解的专业性、代表性。三是旅游志愿者。旅游志愿服务是旅游文明进步的重要标志,旅游志愿服务者承奉献真诚、帮助他

《江西省旅游者权益保护条例》释义

人、服务社会的原则,践行志愿精神,传播优秀旅游文化,弘扬社会文明,为进一步提升公民旅游文明素质,提高全民道德素养,培养和践行社会主义核心价值观贡献力量。将旅游志愿者列入旅游调解委员会,可以很好地提升旅游调解的公正性、代表性。

> **第四十四条** 各设区的市、县级人民政府应当建立先行赔付制度,设立旅游专项理赔金,并指定旅游专项理赔金管理机构。
>
> 旅游者在旅游购物场所购买商品后,认为商品不合格或者存在质价不符情形,三十日内要求退货,旅游经营者拒绝退货的,由专项理赔金先行赔付。专项理赔金管理机构代为赔付后,有权依法向负有责任的旅游经营者追偿。先行赔付具体办法由设区的市、县级人民政府制定,并明确旅游购物场所的范围。

【释义】

◆本条是关于旅游购物先行赔付制度的规定。

旅游购物是旅游投诉中反映比较突出的问题,江西省上饶市在全国率先试点建立的旅游购物退赔机制,在解决购物纠纷方面取得较大成效,旅游者满意度明显上升,旅游形象进一步优化。结合上饶市的成功经验,并借鉴兄弟省份的做法,通过地方立法推进旅游购物先行赔付机制建设,是江西省在维护旅游者权益方面的开创性工作。

目前,我国正在迈进大众化旅游发展新阶段,旅游活动已成为人民日常生活的重要组成部分,在旅游活动中出现的纠纷,涉及千千万万的老百姓。如果这些纠纷不能及时化解,不仅影响旅游者的满意度、获得感、幸福感,而且还会影响社会的和谐稳定。设立旅游专项理赔资金并建立先行赔付制度,是化解旅游纠纷的重要保障,也是当前许多省份都在实施的一项解决旅游纠纷的重要制度。本条规定各设区的市和县级人民政府应当设立旅游专项理赔资金,并指定当地文化和旅游或市场监督管理等部门为旅游专项理赔资金管理机构。先行赔付制度包括:一是先行赔付范围。旅游者认为商品不合格或者存在质价不符情形,不合格旅游产品主要是看该产品是否符合保障人体健康、人身、财产安全,是否符合有关国家标准、行业标准和地方标准。二是先行赔付条件。旅游消费者提供发票等购货凭证,而且须在购买商品之后三十日之内。三是先行赔付方式。由投诉地旅游专项理赔资金管理机构对旅游者投诉调查核实后,依据《中华人民共和国消费者权益保护法》有关规定确定赔付金额。先行赔付应当符合公开、公正、公平、合法、透明的要求。先行赔付具体办法由设区的市、县级人民政府结合实际,自行制定。考虑到旅游购物场所的范围界定的复杂性,在法规中难以明确,因此,法规授权有关旅游购物场所的范围由设区的市、县级人民政府自行制定。

依据《中华人民共和国消费者权益保护法》第五十四条的规定,依

《江西省旅游者权益保护条例》释义

法经有关行政部门认定为不合格的商品,消费者要求退货的,经营者应当负责退货。由于旅游消费的特殊性,本条规定,旅游者在旅游购物场所购买商品后,认为商品不合格或者存在质价不符情形,三十日内要求退货,旅游经营者必须满足旅游者的要求。但在旅游业实际运营过程中,经常会出现一些旅游经营者不诚信、不守法的现象,对于旅游者购买的不合格商品也不给予退货的情况时有发生,这给旅游者带来了极大的不便,也对江西省旅游形象造成不良的影响。为化解这类矛盾纠纷,当旅游经营者明确拒绝退货的,旅游专项理赔机构可以动用理赔资金先行赔付。专项理赔资金管理机构代为赔付后,有权向负有责任的旅游经营者追偿,并可以对相关旅游经营者通过企业信用信息公示系统及时向社会公布。

第四十五条 旅游者在网络交易第三方平台购买旅游产品或者旅游服务,其合法权益受到损害的,可以依法向旅游经营者要求赔偿。网络交易第三方平台提供者不能提供旅游经营者的真实名称、地址和有效联系方式的,旅游者也可以向网络交易第三方平台提供者要求赔偿;网络交易第三方平台提供者作出更有利于旅游者的承诺的,应当履行承诺。网络交易第三方平台提供者赔偿后,有权向旅游经营者追偿。

> 网络交易第三方平台提供者明知或者应知旅游经营者利用其平台侵害旅游者合法权益，未采取必要措施的，依法与该经营者承担连带责任。

【释义】

◆本条是关于保护旅游者在网络交易第三方平台合法权益受侵的规定。

随着移动互联网的发展，旅游网络交易已逐渐成为旅游消费的主要方式之一。本条规定了网络交易第三方平台在维护旅游者合法权益保护方面的权利和义务。

网络交易第三方平台，是指在网络商品交易活动中为交易双方或者多方提供网页空间、虚拟经营场所、交易规则、交易撮合、信息发布等服务，供交易双方或者多方独立开展交易活动的信息网络系统。网络交易第三方平台在网络交易过程中通过与交易双方或多方签订服务协议，为其提供媒介服务，在主体属性上是居间合同中的居间人。网络交易第三方平台的居间责任的承担对象是网络商品或服务经营者、平台消费者。因此，旅游者在第三方平台购买旅游产品或者旅游服务，其合法权益受到损害的，既可以依法向旅游经营者要求赔偿，也可以向网络交易第三方平台提供者要求赔偿，但这里有一个前提条件：网络交易第三方平台提供者不能提供旅游经营者的真实名称、地址和有效联系方式。如果网络交易第三方平台提供者作出比旅游经营者更有利于旅游者的承诺的,应当自行履行承诺。

根据《中华人民共和国合同法》第四百二十四条的规定,网络交易第三方平台为网络商品或服务经营者提供销售商品或提供服务的渠道时,应当与旅游经营者订立合同。旅游经营者的服务不符合合同规定的,自然也就违反了其与网络交易第三方平台订立的合同,第三方平台可以据此要求旅游经营者承担该合同规定的违约责任,网络经营者向旅游者承担旅游赔偿责任后,有权向旅游经营者追偿。

根据《中华人民共和国合同法》第四百二十五条的规定,居间人故意隐瞒与订立合同有关的重要事实或者提供虚假情况,损害委托人利益的,不得要求支付报酬并应当承担损害赔偿责任。居间人应当就有关订立合同的事项向委托人如实报告。网络交易第三方平台对平台交易双方负有如实报告义务。据此,本条规定,网络交易第三方平台在明知或者应知旅游经营者隐瞒重要信息或者提供虚假信息侵害旅游者合法权益,且未采取如实告知等必要措施的前提下,也就是说网络交易第三方平台存在过错时,依法与该经营者承担连带责任。对于应知的判断,可以综合考虑以下因素:基于网络交易平台提者提供服务的性质、方式及其引发侵权的可能性大小,应当具备的管理信息的能力;所售商品或者服务的类型、知名度及侵权信息的明显程度;网络交易平台提供者是否积极采取了预防侵权的合理措施;网络交易平台提供者是否设置便捷程序接收消费者投诉,并及时作出合理的反应;网络交易平提供者是否针对同一经营者的重复侵权行为采取了相应的合理措施等。

《江西省旅游者权益保护条例》释义

> **第四十六条** 旅游者、旅游经营者、旅游从业人员、旅游行业组织等发现网络信息搜索结果含有虚假信息的，有权要求旅游搜索引擎提供者采取更正、删除、屏蔽或者断开虚假信息链接等必要措施，或者向文化和旅游主管部门和其他有关部门举报。旅游搜索引擎提供者未采取必要措施停止提供相关搜索结果，造成旅游者合法权益受到损害的，依法承担相应责任。

【释义】

◆本条是关于网络信息搜索的责任义务规定。

旅游搜索引擎是收录旅游相关信息的搜索引擎。通过旅游搜索引擎，不仅可以搜索到与旅游相关的信息，还可以搜索到景点、机票、酒店等旅游产品的价格。这也从另一个角度说明，旅游景点、网上机票、酒店分销商利用旅游搜索引擎进行推广，从而增加被用户发现的机会，达到促销的目的，因而成为网上销售的一种常用促销手段。近年来，使用旅游搜索引擎已成为旅游者外出选择旅游目的地，获取相关旅游信息的主要方式。与此同时，有关旅游搜索引擎的违法违规问题时有发生，立法时需要给予必要的重视。

旅游搜索引擎除了搜索旅游景点、产品，了解商品说明等基本信息之外，通常还可以进行商品价格比较，并且可以对产品和在线商店进行评级，这些评比结果对于用户购买决策有一定的影响，这些信息也可以被别的用户参考,尤其对于购买决策能力不强的人或对产品信息了解不足的人。因此,使用旅游搜索引擎的人员众多,与之所对应的旅游信息量巨大,在海量的旅游信息中,难免存在一些虚假信息。因此,本条规定,旅游者、旅游经营者、旅游从业人员、旅游行业组织等发现网络信息搜索结果含有虚假信息的,一方面有权要求旅游搜索引擎提供者采取更正、删除、屏蔽或者断开虚假信息链接等必要措施,另一方面也可以直接向文化和旅游主管部门或网信部门进行举报。

对于发布的虚假信息,旅游搜索引擎提供者应更正、删除、屏蔽或者断开虚假信息链接。如果旅游搜索引擎提供者未采取必要措施停止提供相关搜索结果,且造成旅游者人身、财产等权益受到损害的,文化和旅游主管部门、网信部门可以依法进行处理,旅游搜索引擎提供者因此承担相应的法律责任。随着数字指纹、过滤技术等新技术的发展,必要措施的判断标准是不断发展的,旅游搜索引擎应采取更积极的措施保护消费者的合法权益。

第四十七条 旅行社诱导、欺骗旅游者购物或者未经全体旅游者书面同意安排购物的,旅游者可以在旅游行程结束之日起三十日内要求旅行社办理退换货,也可以向专项理赔金管理机构申请赔付;对旅游者造成损失的,旅游者可以要求旅行社先行赔偿。

> 未经全体旅游者书面同意，导游在旅游行程中擅自增加另行付费旅游项目或者以就餐、接受检查等名义变相增加购物场所的，由旅行社按照前款规定承担赔偿责任。

【释义】

◆本条是关于旅行社、导游违规安排购物承担法律责任的规定。

购物是旅游活动的六大要素之一，到旅游目的地买些当地的特产、纪念品是大多数旅游者的愿望。《中华人民共和国旅游法》及相关法规并没有禁止旅行社安排购物活动，而是对购物活动的安排做出明确的法律规定，对此，本条作了进一步细化。

本条强调，第一，旅行社不得诱导、欺骗旅游者购物。诱导、欺骗旅游者的情形包括：旅行社以不合理低价诱导旅游者报名参团；隐瞒不合理低价的真实目的，不向旅游者明示团费低于经营、接待和服务成本费用，该购物场所所售商品价格与当地社会平均销售的水平的真实差异等；隐瞒购物场所、自费项目的真实情况；不向旅游者披露旅行社将因其消费获取利益的事实。第二，旅行社安排购物活动必须征得全体旅游者书面同意。这里实际上强调的是协商一致的原则，因为每个旅游者都与旅行社订立了合同，只有全体旅游者都同意，才可以安排购物活动，为了避免一些不必要的纠纷，本条例规定必须得到旅游者的书面同意。

如果旅行社非法安排旅游者购物,无论所购商品质量是否有问题,旅游者均享有免费退换货权,退换货的前提条件是在旅游行程结束之日起三十日内,旅游者也可以选择向专项理赔金管理机构申请赔付。如果旅游者在使用购物产品时,造成了经济损失,旅游者可以要求旅行社先行赔偿损失、所购物品的费用等。由于旅行社在旅游者和商品销售者之间也属于居间关系,旅行社与商品销售者之间也有合同关系,旅行社对旅游者进行赔偿之后,有权向商品的销售者追偿。

《中华人民共和国旅游法》第三十五条明确规定,旅行社不得安排另行付费旅游项目。本条也对导游擅自增加另行付费项目做出了禁止性规定,即导游人员不得在旅游行程已具体安排且包含团费内的旅游项目、活动之外,安排或者要求旅游者参加需要其再支付费用的旅游项目或者活动。此外,针对《中华人民共和国旅游法》实施之后,我国不少地方导游变相增加购物场所、侵害旅游者权益的情况,本条进行了列名规定,即不得以就餐、接受检查等名义变相增加购物场所。这一条的例外情形是,征得全体旅游者书面同意。如果导游出现上述行为,由委派导游的旅行社承担免费退换货、先行赔偿等法律责任。

第六章 法律责任

法律责任是指行为人违反法规的禁止性规范或者义务性规范而应承担的法律后果。本章共设置六条,其主要内容包括:一是不履行或者不正当履行旅游者合法权益保护职责的政府部门应当承担的法律责任;二是旅行社进行虚假宣传和误导旅游者的法律责任;三是旅行社违规安排购物或者另行付费旅游项目的法律责任;四是导游、领队人员违规安排购物的法律责任;五是各类旅游经营者使用不正当价格手段的法律责任。

第四十八条 县级以上人民政府及其文化和旅游、市场监督管理、交通运输、卫生健康、应急管理、生态环境、公安、住房和城乡建设、林业等部门的工作人员滥用职权、玩忽职守、徇私舞弊的,依法予以处分。

【释义】

◆本条是关于政府及其相关职能部门不履行或者不正当履行保护旅游者合法权益职责的法律责任的规定。

本条规定的违法行为主体是县级以上人民政府及其相关职能部门的工作人员,包括县级以上人民政府及其文化和旅游、市场监督管理、交通运输、卫生健康、应急管理、生态环境、公安、住房和城乡建设、林业等部门的工作人员。依照《中华人民共和国监察法》《中华人民共和国公务员法》《中华人民共和国行政机关公务员处分条例》等法律、行政法规的规定,本条问责主体主要包括该工作人员的任免行政机关和监察机关。

滥用职权主要指县级以上人民政府及其文化和旅游等部门工作人员违反法律、法规规定或者超越法定权限行使职权的行为。滥用职权表现为两个方面：一是行使职权违反法律、法规规定，二是行使职权超越法律、法规规定。

玩忽职守是指县级以上人民政府及其文化和旅游等部门工作人员不履行或者不正确履行法律、法规所规定的职责的行为。不履行职责即不作为、不尽职责或者擅离职守；不正确履行即对工作马马虎虎，漫不经心，不负责任。

徇私舞弊主要指县级以上人民政府及其文化和旅游等部门工作人员为了私情或者谋取私利，故意违反事实和法律、法规的规定，作出枉法处理或者枉法决定的行为。

行政处分是指任免机关或监察机关对国家工作人员尚不构成犯罪的违法失职行为，依照法定权限给予的惩戒。根据《行政机关公务员处分条例》第六条、第七条的规定，行政处分种类包括警告、记过、记大过、降级、撤职、开除六种。受处分的期间为：警告，6个月；记过，12个月；记大过，18个月；降级、撤职，24个月。

第四十九条 旅行社违反本条例规定，进行虚假宣传，误导旅游者的，由文化和旅游主管部门或者有关部门责令改正，没收违法所得，并处五千元以上五万元以下罚款；违法所得五万元以上的，并处违法所得一倍以上五倍以下罚款；情节严重的，责令停业整顿或者吊销旅行社业务经营许可证；对直接负责的主管人员和其他直接责任人员，处二千元以上二万元以下罚款。

【释义】

◆本条是关于对旅行社进行虚假宣传和误导旅游者的处罚规定。

本条规定的执法主体为"文化和旅游主管部门或者有关部门"，作如下理解：旅行社进行虚假宣传，误导旅游者的，由旅游主管部门或者有关部门给予处罚，除吊销旅行社业务经营许可证的处罚应当由文化和旅游主管部门作出外，市场监督管理部门应该依照本条规定对"虚假宣传，误导旅游者"的违法行为进行处罚。

本条涉及的违法行为是进行虚假宣传，误导旅游者。旅行社虚假宣传的阶段主要是在包价旅游等合同的订立前，目的是促成旅游者与其交易。旅行社从业人员在旅游行程中通过虚假宣传误导旅游者进行再次消费的行为也包括在内。虚假宣传、误导旅游者的判断标准：只要旅行社编造事实，虚假宣传，或者虽没有编造事实，但隐瞒重要事实，使用含糊的语言，达到了让人误解的程度，均构成违法行为。在《中华人民共和国合同法》第四十一条中规定："对格式条款的理解发生争议的，应当按照通常理解予以解释。对格式条款有两种以上解释的，应当作出不利于提供格式条款一方的解释。格式条款和非格式条款不一致的,应当采用非格式条款。"实践中,旅行社在包价旅游合同中列明许多景点,但实际上有些景点只是路过,因未提前向旅游者明确告知,造成旅游者误以为是游览项目的情况,旅行社即构成违法行为。

在法律责任上,首先由文化和旅游主管部门或者有关部门责令旅行社改正相关违法行为,其次给予行政处罚。对旅行社的行政处罚根据情节轻重分为两档。第一档,根据违法所得的不同,给予不同的处罚:一是有违法所得,且违法所得在五万元以下的,没收违法所得,同时处以罚款,罚款的幅度为五千元以上五万元以下,由文化和旅游主管部门根据情节裁量;二是违法所得在五万元以上的,在没收违法所得的同时,处以罚款,罚款的幅度为违法所得一倍以上五倍以下。第二档,情节严重的,适用以下两种不同种类的处罚:一是情节稍轻的,责令停业整顿;二是情节很严重的,吊销旅行社业务经营许可证。对违法旅行社的直接负责的主管人员和其他直接责任人员的行政处罚,只有一档,即处以罚款,罚款的幅度为二千元以上二万元以下,由作出处罚的部门根据情节裁量。

第五十条 违反本条例规定,旅行社通过安排购物或者另行付费旅游项目获取回扣等不正当利益的,由文化和旅游主管部门责令改正,没收违法所得,责令停业整顿,并处三万元以上三十万元以下罚款;违法所得三

> 十万元以上的,并处违法所得一倍以上五倍以下罚款;情节严重的,吊销旅行社业务经营许可证;对直接负责的主管人员和其他直接责任人员,没收违法所得,处二千元以上二万元以下罚款,并暂扣或者吊销导游证。

【释义】

◆本条是关于旅行社违规安排购物或者另行付费旅游项目获得不正当利益的处罚规定。

旅行社违规安排购物或者另行付费旅游项目获得不正当利益和行为,承担法律责任的主体主要包括:一是旅行社,既包括组团社,也包括地接社;二是旅行社负责的主管人员和其他直接责任人员,包括领队,导游。本条规定的执法主体为文化和旅游主管部门。

本条规定的法律责任是本条例中最重的。除责令改正的行政措施外,包括了没收违法所得、责令停业整顿、罚款、吊销旅行社业务经营许可证、暂扣或者吊销导游证等多种行政处罚方式。

在具体行政执法上,只要旅行社有相应的违法行为,即可适用没收违法所得、责令停业整顿和罚款三种处罚。违法所得不足三十万元的,罚款幅度在三万元以上三十万元以下;违法所得三十万元以上的,罚款幅度在违法所得一倍以上五倍以下;情节严重的,吊销旅行社业务经营许可证。

对直接负责的主管人员和其他直接责任人员,适用"没收违法所得"和"处二千元以上二万元以下罚款"两种处罚,直接责任人员为导游、领队的,除没收违法所得和罚款外,还应根据其违法行为的情节,适用"暂扣或者吊销导游证"的处罚。

> **第五十一条** 违反本条例规定,导游、领队人员诱导、欺骗、胁迫或者变相胁迫旅游者购物的,由文化和旅游主管部门责令改正,处一千元以上三万元以下的罚款;有违法所得的,并处没收违法所得;情节严重的,由文化和旅游主管部门吊销导游证并予以公告;对委派该导游、领队人员的旅行社给予警告直至责令停业整顿。

【释义】

◆本条是关于导游、领队人员诱导、欺骗、胁迫或者变相胁迫旅游者购物的处罚规定。

导游、领队人员诱导、欺骗、胁迫或者变相胁迫旅游者购物的行为,承担法律责任的主体为导游、领队人员。本条规定的执法主体为文化和旅游主管部门。违法行为为诱导、欺骗、胁迫或者变相胁迫旅游者购物。

本条规定的法律责任除责令改正外,还包括没收违法所得、责令停业整顿、罚款、吊销旅行社业务经营许可证、暂扣或者吊销导游证等多种行政处罚方式。在具体执行上,只要导游、领队人员有相应的违法行为,即可适用责令改正、罚款处罚,如果有违法所得的,没收违法所得,情节严重的,吊销导游证并予以公告。构成犯罪的,依法追究刑事责任。同时,为强化旅行社对委派的导游人员的监督管理,明确了导游人员出现该违法行为,对委派该导游人员的旅行社给予警告直至责令停业整顿处罚的法律责任。

> **第五十二条** 违反本条例规定,旅游经营者利用虚假的或者使人误解的价格手段,诱骗旅游者或者其他旅游经营者与其进行交易的,由市场监督管理部门责令整改,没收违法所得,并处违法所得五倍以下的罚款;没有违法所得的,处五万元以上五十万元以下的罚款;情节严重的,责令停业整顿,或者由市场监督管理部门吊销营业执照。

【释义】

◆本条是关于对旅游经营者使用价格欺诈手段的处罚规定。

为防止旅游中出现青岛"天价虾"事件的发生,净化江西省旅游市场,针对旅游经营者利用虚假的或者使人误解的价格手段,诱骗旅游者或者其他旅游经营者与其进行交易的情形,按照国务院《价格违法行为行政处罚规定》的规定设置相应的处罚。本条规定承担法律责任的主体为各类旅游经营者。执法主体为市场监督管理部门。违法行为为利用虚假的或者使人足以误解的价格欺诈手段,诱骗旅游者或者其他旅游经营者与其进行交易的。

本条规定的法律责任除责令改正外,还包括没收违法所得、罚款等。如果没有违法所得,则处五万元以上五十万元以下的罚款。如果有违法所得的,没收违法所得,并处违法所得五倍以下的罚款。根据违法情节的轻重,"有违法所得"所受的处罚一定要比"没有违法所得"所受到的处罚要高。如果情节严重的,除进行上述处罚之外,还要处责令停业整顿,或者由市场监督管理部门吊销营业执照。

第五十三条　违反本条例规定,法律、法规已有处罚规定的,从其规定。

【释义】

◆本条是关于本条例规定的行为未作处罚规定的法律责任适用的规定。

为了更好地保护旅游者的合法权益,本条例规定了多条处罚条款,但还有许多违反本条例规定的行为,在此没有作出相应处罚规定,如何进行处罚？在立法过程中,其实条例许多行为在其他法律、法规中已作出了规范,并明确了处罚规定,因此,为与相关法律相衔接,本条例规定的行为未作处罚规定的法律责任应当依据其他法律、法规来进行处罚。这些法律、法规主要包括《中华人民共和国消费者权益保护法》《中华人民共和国旅游法》《中华人民共和国合同法》《旅行社条例》《导游人员管理条例》等。

第七章 附 则

第五十四条 本条例自2020年1月1日起施行。

【释义】

◆本条是对本条例生效时间作出的规定。

一、法规的效力

法规的效力包括时间效力、空间效力和对人的效力。法规的时间效力,是指法律从何时生效和从何时终止,以及对其生效以前所发生的行为有无溯及力,即是否适用。法规的空间效力,指法律在哪些地域有效力,适用于哪些地区。本条例第二条对法规地域效力的范围作了规定。本条是对法规时间效力作出规定。

二、法规的施行日期

根据《中华人民共和国立法法》和《江西省立法条例》的规定,地方性法规由省人民代表大会或者省人民代表大会常务委员会制定,并予以公布,法规应当明确规定施行日期。本条例于2019年11月27日经省十三届人大常委会第十六次会议审议通过,但规定于2020年1月1日起正式实施。法规通过到正式实施为什么相隔两个月,主要是考虑到各级政府及其与旅游相关的职能部门宣传和贯彻该条例要有一段时间准备,同时,广大的旅游经营者和旅游者对该法规的学习也需要时间。为保证该法规的顺利实施,综合各方因素,将法规生效的时间定于2020年1月1日较为合适。

在贯彻实施《江西省旅游者权益保护条例》新闻发布会上的讲话

江西省人大常委会副主任　朱　虹

(2019 年 12 月 13 日)

同志们、新闻媒体朋友们:

《江西省旅游者权益保护条例》(以下简称《条例》)于 2019 年 11 月 27 日经省十三届人大常委会第十六次会议审议通过,将于 2020 年 1 月 1 日起正式施行,这是全国第一部旅游者权益保护的地方性法规。《条例》的出台,标志着我省旅游法治建设取得新的重要成果,标志着我省依法治旅将取得新的突破。为贯彻落实好《条例》,我讲三点意见:

一、充分认识《条例》制定的重要意义

近年来,在省委、省政府的大力推动下,我省旅游业发展取得长足进步,旅游人次、旅游收入和高等级景区数量等许多硬性指标均进入全国第一方阵,实现历史性突破;公共交通、景区服务、购物娱乐等旅游基础设施有了较大程度改观;旅游产品、旅游业态不断丰富提升,旅游者的体验感获得感得到明显增强。但不容忽视的是,全省旅游发展不平衡不充分的问题依然突出,部分景点的硬件建设水平亟待提高、旅游服务等软件建设有待改进,旅游市场拉客宰客、诱导消费、不当竞争、退货难等现象时有发生,如近年来我省曾经出现的"天价药""鱼疗咬人""肉眼称重"等侵犯旅游者权益事件,就是其中的负面典型。

为贯彻落实党中央、国务院和省委、省政府大力发展旅游业的决策部署,满足人民群众日益增长的优质旅游服务需求,切实解决旅游者权益保护的痛点难点,破解现行法规对旅游者权益保护较为分散、较为原则、对旅游消费争议解决相关条款操作性不强等问题,我省决定在全国率先启动旅游者权益保护条例立法工作,目的就是希望通过制定《条例》,进一步强化对旅游者权益的保护,明确旅游经营者的责任,落实各级政府及相关部门的职责,尤其是将各地探索的行之有效的维护旅游者权益成功经验上升为法律法规,为提升旅游服务质量、大力发展全域旅游提供良好的法治保障。我相信,《条例》的出台,对打造"江西风景独好"品牌、提升旅游法治化水平、加快旅游产业高质量发展,将产生重要而深远的影响。

二、准确把握《条例》的主要内容和特色亮点

为制定好《条例》,省人大常委会及相关部门深入景区一线和旅游经营场所实地调研,听取基层涉旅部门、旅游一线从业者和游客的意见建议,与干部群众深入访谈交流,收到很多好的意见建议。《条例》修改过程中,多个部门通力协作,反复研讨、论证、修改,并通过线下线上

在贯彻实施《江西省旅游者权益保护条例》新闻发布会上的讲话

多种方式征求意见。省人大常委会组成人员在审议《条例（草案）》时，给予了高度评价，一致认为，这是一部体现科学民主立法、突出问题导向、地方特色鲜明、操作性强的好《条例》。

《条例》共七章五十四条，内容涵盖了旅游者权益保护的方方面面，凸显了四个鲜明导向：

一是问题导向。《条例》针对我省旅游业快速发展过程中存在的人员素质不高、旅游经营不规范、诱导购物、退购困难、旅游服务质量不高等损害旅游者合法权益的问题提出了解决措施，如第十八条规定："临时增加购物场所、付费项目或者变更旅游线路、增减景点的，应当经全体旅游者书面同意"等。

二是实践导向。《条例》顺应新时代旅游发展新变化，针对自驾游、徒步游、研学旅行以及民宿、旅游网络交易平台等旅游新业态提出具体要求，如第三十条规定："旅行社承办研学旅行的，应当为依法注册的旅行社，且连续三年内无重大质量投诉、不良诚信记录、经济纠纷及重大安全责任事故"等。

三是创新导向。《条例》紧密结合江西实际，注重体现江西特色，推出一系列有特色、有亮点走在全国前面的制度规定，突出体现在两个方面：其一是创新设立旅游专项理赔金。在深入总结省内有关县（市）解决旅游购物退货成功经验的基础上，创新性规定了设区的市、县级人民政府应当设立旅游专项理赔金，并指定旅游专项理赔金管理机构。对旅游者在旅游购物场所购买商品后，认为商品不合格或者存在质价不符情形，三十日内要求退货，旅游经营者拒绝退货的，由政府专项理赔资金先行赔付。这一做法,婺源县早在2017年9月26日就在全国率先试行,专门成立了旅游诚信退赔中心并设立了50万元退赔资金,截至目前共退赔128起,退赔金额45万元,向负有责任的旅游经营者追偿45万元,取得了及时解决购物纠纷、提升游客满意度等良好效果。其二是创新设立旅游法庭等旅游纠纷调解机构。围绕在第一时间解决旅游纠纷,规定县级以上人民政府文化和旅游主管部门应当与公安、人民法院等建立行政执法与司法协作机制,在重要旅游景区及游客集散地,可以设立旅游法庭、警务室以及由人民调解员、旅游协会成员、志愿者等组成的旅游调解委员会,快诉快结旅游活动中发生的纠纷矛盾,依法保障旅游者合法权益。

四是从严导向。《条例》针对各类侵犯旅游者权益的行为,分别设立了相应的法律责任,并依法从严从紧要求把握,如第五十二条规定:利用虚假的或者使人误解的价格手段,诱骗旅游者或者其他旅游经营者与其进行交易的,处五万元以上五十万元以下罚款;情节严重的,责令停业整顿,或者吊销营业执照。

三、切实抓好《条例》的贯彻落实

立法不易,施法更难。法律的生命在于实施,权威也在于实施。如果一部法规得不到很好的实施,规定得再好,也将成为一纸空文。因此,各地、各有关部门要切实提高贯彻实施《条例》的责任感和使命感,把学习宣传贯彻《条例》作为一项重要工作来抓,充分运用法治思维和法治方式,推动全省旅游者权益保护工作上新台阶。

各级政府及有关部门要以学习宣传贯彻《条例》为契机,进一步建

在贯彻实施《江西省旅游者权益保护条例》新闻发布会上的讲话

立健全"政府主导、部门联动、群众参与、游客互动"的旅游者权益保护长效机制,主动解决旅游者权益保护工作中遇到的困难和问题,努力形成齐抓共管的良好局面。要及时完善旅游者权益保护特别是先行赔付等方面的规章制度,对旅游者反映强烈的虚假宣传、价格欺诈、强迫购物等问题,不仅要依法处理,还要通过新闻媒体予以公开曝光,做到有法可依、有法必依、执法必严、违法必究。

全省各级人大及其常委会要按照监督法的要求,综合运用执法检查、专题调研、代表视察、听取和审议专项工作报告等各种监督形式,及时了解和掌握本行政区域内旅游者权益保护工作落实情况,督促政府及有关部门进一步履行好职责,推动《条例》的各项规定发挥作用。明年,省人大常委会外侨民宗工委要适时对全省各级贯彻实施《条例》情况进行执法检查,全面掌握法规实施情况,提出改进工作的意见建议。

各新闻媒体要通过新闻报道、制作专题片、公益性广告等形式,积极主动宣传《条例》,为全省上下贯彻实施《条例》创造良好的舆论氛围和社会环境,引导各级旅游管理部门及广大旅游从业人员,切实增强法治意识,主动做好旅游者合法权益的保护工作,维护我省旅游业的良好形象,推动旅游业高质量发展,加快将江西建成旅游强省。

谢谢大家!

在贯彻实施《江西省旅游者权益保护条例》新闻发布会上的讲话

江西省人民政府副省长　吴忠琼

（2019年12月13日）

同志们、新闻媒体朋友们：

在各方共同努力下，《江西省旅游者权益保护条例》于2019年11月27日经省十三届人大常委会第十六次会议顺利审议通过，将于2020年1月1日起正式实施，成为全国首部专门保护旅游者权益的地方性法规，这是我省旅游业发展和旅游法治建设进程中的一件大事、喜事。《条例》的颁布实施，是贯彻落实党的十九届四中全会精神和习近平总书记视察江西重要讲话精神的具体举措；是贯彻落实省委、省政府实施旅游强省战略，大力推进全省旅游产业高质量发展的重要抓手；是进一步优化我省旅游发展环境，提升游客体验感、获得感和幸福感的重要保障，对推动我省旅游产业高质量发展具有十分重要的意义。

法的生命力在于执行。《条例》只有被广大群众和游客了解掌握，

在贯彻实施《江西省旅游者权益保护条例》新闻发布会上的讲话

只有得到有效贯彻落实,才能发挥强大的力量。下面,我就宣传贯彻落实好《条例》讲几点意见:

一是切实加强组织领导。全省各级政府、文化和旅游行政管理部门要进一步统一思想,充分认识制定《条例》和贯彻落实好《条例》的重要意义,把学习宣传贯彻《条例》摆上重要议事日程,尽快制定学习宣传贯彻《条例》的具体方案,把《条例》作为旅游业务学习的重要内容,分层级对全省旅游管理和执法人员开展培训,组织《条例》专题学习讨论。要突出抓好从业培训,开展对辖区内景区景点、旅游度假区、乡村旅游点、旅行社、饭店、民宿旅馆等旅游企业骨干人员的重点培训,加强对导游、领队等从业人员的普遍培训,将《条例》纳入导游、领队资格考试和年度各类专题培训内容,迅速在全省掀起学习、宣传、贯彻《条例》的热潮。

二是全力做好宣传解读。全省各级政府、文化和旅游行政管理部门要集中时间、集中人员、集中精力,多渠道、多层次、多角度组织开展《条例》的宣传解读活动。一要深入浅出。要积极引导各地各相关部门深刻理解《条例》精神实质,准确把握条文的立法依据、主要含义、实施路径、具体要求等,再用简明扼要、通俗易懂的语言把《条例》的特色亮点、与旅游消费者息息相关的细节说清楚、解释透。二要拓宽渠道。要在旅游景区景点、游客集散地通过宣传栏、宣传资料、标语横幅、电子显示屏等方式开展现场宣传解读。同时,充分利用广播、电视、报纸、网站、微信、微博等媒体平台,不断创新宣传解读方式,全方位、立体化、多角度宣传解读《条例》,增进广大群众和游客对《条例》的了解,熟知自己的权利和旅游经营者的义务,增强遵守《条例》、运用《条例》的自觉性和主动性。

三是着力强化制度保障。《条例》的落实落深落细,必须要有坚强有力的体制机制来保障。一要完善综合调解机制。要严格落实《条例》规定,突出创新设立旅游专项理赔金、创新设立旅游法庭等旅游纠纷调解机构的特色亮点,尽快建立健全旅游综合协调机制和旅游市场综合执法机制,加快设立旅游专项理赔金和管理机构以及旅游法庭、旅游警务室、旅游调解委员会等,充分发挥旅游行业协会的监督协调作用,多方协力确保旅游纠纷发生时,消费者权益得到最大保障。二要深化综合执法机制。各级文化和旅游、公安、应急管理、消防、交通运输、市场监管、卫生健康等部门要密切协调配合,定期开展旅游市场联合执法检查,加大对违反《条例》行为的处罚力度,引导涉旅企业依法有序经营。三要健全配套制度。抓紧制定完善《条例》的配套制度和政策,健全完善旅游服务标准体系、旅游投诉统一受理机制、导游管理评价制度等,使《条例》规定更加具体化。

四是加快推动旅游发展。各地各相关部门要以实际行动贯彻实施好《条例》,不断丰富旅游产品、提升旅游服务、壮大旅游产业。一要围绕旅游交通、游览设施、旅游安全、讲解服务、旅游购物、智慧建设等内容,提升景区基础设施、服务意识和管理水平,以4A级以上旅游景区为主阵地,实施"百景"提升工程,推动景区转型升级、提质增效,加快打造一批支撑"江西风景独好"品牌的精品景区。二要充分挖掘文化和旅游资源,丰富旅游产品和业态,做优做强森林旅游、康养旅游、体育旅

在贯彻实施《江西省旅游者权益保护条例》新闻发布会上的讲话

游、研学旅游等新业态,大力发展旅游民宿、文旅综合体、文旅街区、旅游小镇。三要围绕旅游公共服务补短板、疏瓶颈、强网络、促提升,实施新一轮旅游交通改造提升工程,加快厕所革命、游客服务中心建设、高速服务区旅游化改造,推进"一部手机游江西"等项目建设。

总之,我们将以《条例》实施为契机,进一步在全省营造更加良好的旅游法治氛围和旅游消费环境,加快推进旅游治理体系和治理能力现代化,为共绘新时代江西改革发展新画卷作出新贡献。

谢谢大家!

在贯彻实施《江西省旅游者权益保护条例》新闻发布会上的讲话

江西省文化和旅游厅厅长　池　红

（2019 年 12 月 13 日）

尊敬的朱虹副主任、龚建华副主任、吴忠琼副省长，各位记者朋友，同志们：

《江西省旅游者权益保护条例》在省人大的大力关心、支持和推动下，在省直有关部门的大力帮助下，历经一年多的时间，经过反复调研、修改、论证和审议，于今年 11 月 27 日经省十三届人大常委会第十六次会议审议通过，将于明年 1 月起正式实施。这是全省文化旅游工作中的一件大事，我省在全国率先出台旅游者权益保护的地方性法规，意味着我省在旅游者权益保护方面走在了全国前列，意味着我省旅游治理体系更加完善、治理能力将进一步增强，意味着我省旅游发展环境、旅游发展形象将得到进一步提升。

在此，我谨代表省文化和旅游厅向关心支持《条例》制定的各位领导和所有为《条例》制定付出辛勤劳动的同志们表示衷心的感谢！向

在贯彻实施《江西省旅游者权益保护条例》新闻发布会上的讲话

所有关心支持我省旅游业发展的社会各界表示诚挚的谢意！按照会议安排，下面我就《条例》有关情况作简要介绍。

一、《条例》的出台背景

我省旅游资源丰富独特，文化资源、景观资源、生态资源等独一无二，是名副其实的旅游资源大省，建设旅游强省具备资源优势。省委、省政府高度重视旅游强省建设，每年召开高规格旅游产业发展大会，先后制定实施《关于推进旅游强省建设的意见》《关于全面推进全域旅游发展的意见》，今年又制定出台了《江西省旅游产业高质量发展三年行动计划（2019—2021年）》。2018年，江西旅游接待人次达6.9亿，旅游总收入达8145亿元，分别位居全国第10位、第9位，建设旅游强省基础扎实。

旅游环境是决定旅游目的地影响力、竞争力和美誉度的关键因素。面对我省良好的旅游发展态势和国内激烈的旅游竞争形势，在新的更高起点上推动旅游产业高质量发展、加快建设旅游强省，不仅要注重创新旅游产品、丰富旅游业态，还要注重优化旅游环境、提升旅游体验，尤其是随着经济社会的快速发展，旅游新业态迅速兴起，新型旅游市场主体不断涌现，对旅游业治理和旅游者权益保护带来了新的挑战。让游客放心、舒心、安心的旅游环境是旅游强省建设的必然要求，也是旅游强省建设的重要突破口。为此，我们着眼于打造"放心旅游"好环境，着眼于提供"优质便捷"好服务，着眼于提升"风景独好"好形象，为广大游客"乐游江西"提供法治保障，制定出台保障旅游者合法权益的地方性法规。

二、《条例》的起草过程

《江西省旅游者权益保护条例》是省政府2019年立法计划中的地方性法规确保项目。2019年省《政府工作报告》明确提出：实施消费环境优化升级行动,推动出台江西省旅游者权益保护条例,让消费者放心消费、乐享消费。

《条例》从起草到审议通过历时一年三个月,《条例》草案的起草与深化改革推进文旅融合、推动旅游产业高质量发展紧密结合,让《条例》充分体现文化和旅游融合背景下旅游业发展的时代要求。

在《条例》的起草过程中,省人大法制委、常委会外侨民宗委、法工委、省司法厅全程介入和指导,相关省直单位也给予了大力支持,确保了《条例》立法的科学性、民主性、合法性。省司法厅对《条例》草案送审稿进行了审查修改,征求相关省直部门、旅游协会、旅游企业代表的意见;省人大外侨民宗委、省人大法制委、常委会法工委对《条例》草案一审、二审做了大量耐心细致的前期工作,先后安排多次专题调研,召开多次座谈会、征求意见会、修改论证会,充分听取相关部门、旅游景区、旅游协会、涉旅企业、专家学者以及旅游者代表的意见,对《条例》草案根据各方意见进行反复修改审定。

三、《条例》的内容特点

《条例》包括总则、旅游者的权利、旅游经营者的义务、监督管理、争议的解决、法律责任、附则7个章节,共54条。《条例》紧扣旅游环境治理的痛点、难点、堵点,既与相关上位法保持一致,又结合实际作了更具体的规定;既充分吸收借鉴了省外相关制度规定,又及时总结省内成熟经验作出创新性的制度规定;既坚持问题导向注重对旅游业态中损害旅游者权益的老问题治理,又顺应时代发展对新兴旅游业态中可能存在损害旅游者权益的新问题明确制度规定,具有很强的针对性、实践性、操作性,体现了江西的特色。《条例》内容紧扣五个方面的旅游环

在贯彻实施《江西省旅游者权益保护条例》新闻发布会上的讲话

境治理,实现对旅游者权益的有效保障。

一是依法治理旅游服务环境。旅游目的地所有服务窗口都是旅游窗口,《条例》明确了旅行社、景区、宾馆饭店、旅游交通、购物场所等涉旅行业的服务标准规范,尤其是对网络经营、研学旅行、自助旅游、旅游民宿等旅游新业态明确了标准规范,着力提升旅游全链条服务窗口的服务水准。

二是依法治理旅游卫生环境。卫生环境是旅游环境治理的基础,《条例》明确了旅游景区、宾馆饭店、旅游民宿、家庭旅馆、旅游餐饮、乡村旅游点等的卫生治理,着力提升旅游活动场所的卫生水平,保障游客旅游过程中的卫生健康。

三是依法治理旅游安全环境。安全问题对旅游发展是"一票否决",《条例》明确了旅游设施安全、旅游活动安全、旅游消防安全、游客隐私安全、突发事件应急等标准规范,着力保障游客的人身和财产安全。

四是依法治理旅游市场环境。市场环境是旅游发展的口碑和形象,《条例》针对旅游市场中可能存在的虚假宣传、低价组团、强行购物、欺骗消费、临时变更线路等顽疾,明确了相关制度规定,堵住漏洞、维护权益,着力营造和谐有序的旅游市场环境。

五是依法治理旅游购物环境。良好购物环境是提升旅游竞争力的重要环节,《条例》在全国首开先河以法律规定的形式,明确市、县两级建立旅游购物先行赔付制度,指定旅游专项理赔金管理机构;明确在重要旅游景区及游客集散地,设立旅游法庭、警务室及旅游调解委员会等旅游争议调解机构,着力实现旅游者权益保护和旅游矛盾纠纷化解便捷化、高效化,提升游客满意度。

《条例》除了紧扣旅游环境治理保障旅游者权益,对治理机制和治理责任也进行了明确规定,如明确县级以上人民政府应当加强对旅游者合法权益保护工作的领导,建立协调机制,研究解决旅游者合法权益保护中的重大问题;明确各相关行政管理部门、旅游行业组织在旅游环境治理中的责任。

在《条例》调研、论证、审议过程中,各方面一致认为出台《条例》很及时、很有必要,一致认为《条例》具有很强的针对性、操作性和创新性,是一部很好的地方性法规。

同志们,等下忠琼副省长、朱虹副主任将就贯彻落实《条例》讲话,我们要认真领会好贯彻好。全省各级文化和旅游部门要以《条例》出台为重要机遇,切实抓好《条例》的宣传贯彻落实,着力打造国内最优的旅游发展环境,大力提升"江西风景独好"旅游品牌的市场影响力、竞争力和美誉度。

我们相信,在全省各级人大、政府的重视下,各有关部门通力合作,全社会共同参与,一定能够把《条例》学习好、宣传好、贯彻好,加快旅游强省建设步伐,加快把我省建设成为国内外知名旅游休闲目的地,为建设富裕美丽幸福现代化江西、描绘好新时代江西改革发展新画卷作出新的贡献!

谢谢大家!

下 篇

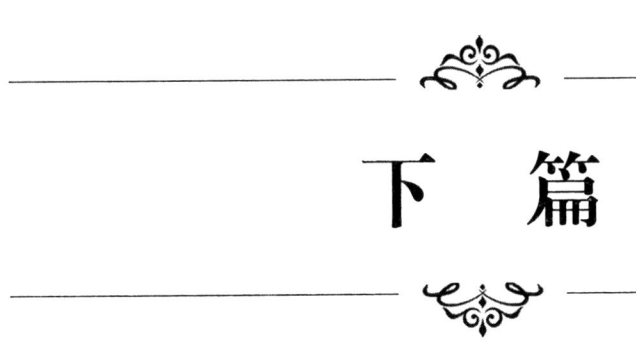

中华人民共和国消费者权益保护法

（1993年10月31日第八届全国人民代表大会常务委员会第四次会议通过；根据2009年8月27日第十一届全国人民代表大会常务委员会第十次会议《关于修改部分法律的决定》第一次修正；根据2013年10月25日第十二届全国人民代表大会常务委员会第五次会议《关于修改〈中华人民共和国消费者权益保护法〉的决定》第二次修正）

第一章　总　则

第一条　为保护消费者的合法权益,维护社会经济秩序,促进社会主义市场经济健康发展,制定本法。

第二条　消费者为生活消费需要购买、使用商品或者接受服务,其权益受本法保护;本法未作规定的,受其他有关法律、法规保护。

第三条　经营者为消费者提供其生产、销售的商品或者提供服务,应当遵守本法;本法未作规定的,应当遵守其他有关法律、法规。

第四条　经营者与消费者进行交易,应当遵循自愿、平等、公平、诚实信用的原则。

第五条 国家保护消费者的合法权益不受侵害。

国家采取措施,保障消费者依法行使权利,维护消费者的合法权益。

国家倡导文明、健康、节约资源和保护环境的消费方式,反对浪费。

第六条 保护消费者的合法权益是全社会的共同责任。

国家鼓励、支持一切组织和个人对损害消费者合法权益的行为进行社会监督。

大众传播媒介应当做好维护消费者合法权益的宣传,对损害消费者合法权益的行为进行舆论监督。

第二章 消费者的权利

第七条 消费者在购买、使用商品和接受服务时享有人身、财产安全不受损害的权利。

消费者有权要求经营者提供的商品和服务,符合保障人身、财产安全的要求。

第八条 消费者享有知悉其购买、使用的商品或者接受的服务的真实情况的权利。

消费者有权根据商品或者服务的不同情况,要求经营者提供商品的价格、产地、生产者、用途、性能、规格、等级、主要成份、生产日期、有效期限、检验合格证明、使用方法说明书、售后服务,或者服务的内容、规格、费用等有关情况。

第九条 消费者享有自主选择商品或者服务的权利。

消费者有权自主选择提供商品或者服务的经营者,自主选择商品品种或者服务方式,自主决定购买或者不购买任何一种商品、接受或者不接受任何一项服务。

消费者在自主选择商品或者服务时,有权进行比较、鉴别和挑选。

第十条 消费者享有公平交易的权利。

消费者在购买商品或者接受服务时,有权获得质量保障、价格合理、计量正确等公平交易条件,有权拒绝经营者的强制交易行为。

第十一条 消费者因购买、使用商品或者接受服务受到人身、财产损害的,享有依法获得赔偿的权利。

第十二条 消费者享有依法成立维护自身合法权益的社会组织的权利。

第十三条 消费者享有获得有关消费和消费者权益保护方面的知识的权利。

消费者应当努力掌握所需商品或者服务的知识和使用技能,正确使用商品,提高自我保护意识。

第十四条 消费者在购买、使用商品和接受服务时,享有人格尊严、民族风俗习惯得到尊重的权利,享有个人信息依法得到保护的权利。

第十五条 消费者享有对商品和服务以及保护消费者权益工作进行监督的权利。

消费者有权检举、控告侵害消费者权益的行为和国家机关及其工作人员在保护消费者权益工作中的违法失职行为,有权对保护消费者权益工作提出批评、建议。

第三章 经营者的义务

第十六条 经营者向消费者提供商品或者服务,应当依照本法和其他有关法律、法规的规定履行义务。

经营者和消费者有约定的,应当按照约定履行义务,但双方的约定不得违背法律、法规的规定。

经营者向消费者提供商品或者服务,应当恪守社会公德,诚信经营,保障消费者的合法权益;不得设定不公平、不合理的交易条件,不得强制交易。

第十七条 经营者应当听取消费者对其提供的商品或者服务的意见,接受消费者的监督。

第十八条 经营者应当保证其提供的商品或者服务符合保障人身、财产安全的要求。对可能危及人身、财产安全的商品和服务,应当向消费者作出真实的说明和明确的警示,并说明和标明正确使用商品或者接受服务的方法以及防止危害发生的方法。

宾馆、商场、餐馆、银行、机场、车站、港口、影剧院等经营场所的经营者,应当对消费者尽到安全保障义务。

第十九条 经营者发现其提供的商品或者服务存在缺陷,有危及人身、财产安全危险的,应当立即向有关行政部门报告和告知消费者,并采取停止销售、警示、召回、无害化处理、销毁、停止生产或者服务等措施。采取召回措施的,经营者应当承担消费者因商品被召回支出的必要费用。

第二十条　经营者向消费者提供有关商品或者服务的质量、性能、用途、有效期限等信息,应当真实、全面,不得作虚假或者引人误解的宣传。

经营者对消费者就其提供的商品或者服务的质量和使用方法等问题提出的询问,应当作出真实、明确的答复。

经营者提供商品或者服务应当明码标价。

第二十一条　经营者应当标明其真实名称和标记。

租赁他人柜台或者场地的经营者,应当标明其真实名称和标记。

第二十二条　经营者提供商品或者服务,应当按照国家有关规定或者商业惯例向消费者出具发票等购货凭证或者服务单据;消费者索要发票等购货凭证或者服务单据的,经营者必须出具。

第二十三条　经营者应当保证在正常使用商品或者接受服务的情况下其提供的商品或者服务应当具有的质量、性能、用途和有效期限;但消费者在购买该商品或者接受该服务前已经知道其存在瑕疵,且存在该瑕疵不违反法律强制性规定的除外。

经营者以广告、产品说明、实物样品或者其他方式表明商品或者服务的质量状况的,应当保证其提供的商品或者服务的实际质量与表明的质量状况相符。

经营者提供的机动车、计算机、电视机、电冰箱、空调器、洗衣机等耐用商品或者装饰装修等服务,消费者自接受商品或者服务之日起六个月内发现瑕疵,发生争议的,由经营者承担有关瑕疵的举证责任。

第二十四条 经营者提供的商品或者服务不符合质量要求的,消费者可以依照国家规定、当事人约定退货,或者要求经营者履行更换、修理等义务。没有国家规定和当事人约定的,消费者可以自收到商品之日起七日内退货;七日后符合法定解除合同条件的,消费者可以及时退货,不符合法定解除合同条件的,可以要求经营者履行更换、修理等义务。

依照前款规定进行退货、更换、修理的,经营者应当承担运输等必要费用。

第二十五条 经营者采用网络、电视、电话、邮购等方式销售商品,消费者有权自收到商品之日起七日内退货,且无需说明理由,但下列商品除外:

(一)消费者定作的;

(二)鲜活易腐的;

(三)在线下载或者消费者拆封的音像制品、计算机软件等数字化商品;

(四)交付的报纸、期刊。

除前款所列商品外,其他根据商品性质并经消费者在购买时确认不宜退货的商品,不适用无理由退货。

消费者退货的商品应当完好。经营者应当自收到退回商品之日起七日内返还消费者支付的商品价款。退回商品的运费由消费者承担;

经营者和消费者另有约定的,按照约定。

第二十六条　经营者在经营活动中使用格式条款的,应当以显著方式提请消费者注意商品或者服务的数量和质量、价款或者费用、履行期限和方式、安全注意事项和风险警示、售后服务、民事责任等与消费者有重大利害关系的内容,并按照消费者的要求予以说明。

经营者不得以格式条款、通知、声明、店堂告示等方式,作出排除或者限制消费者权利、减轻或者免除经营者责任、加重消费者责任等对消费者不公平、不合理的规定,不得利用格式条款并借助技术手段强制交易。

格式条款、通知、声明、店堂告示等含有前款所列内容的,其内容无效。

第二十七条　经营者不得对消费者进行侮辱、诽谤,不得搜查消费者的身体及其携带的物品,不得侵犯消费者的人身自由。

第二十八条　采用网络、电视、电话、邮购等方式提供商品或者服务的经营者,以及提供证券、保险、银行等金融服务的经营者,应当向消费者提供经营地址、联系方式、商品或者服务的数量和质量、价款或者费用、履行期限和方式、安全注意事项和风险警示、售后服务、民事责任等信息。

第二十九条　经营者收集、使用消费者个人信息,应当遵循合法、正当、必要的原则,明示收集、使用信息的目的、方式和范围,并经消费者同意。经营者收集、使用消费者个人信息,应当公开其收集、使用规则,不得违反法律、法规的规定和双方的约定收集、使用信息。

经营者及其工作人员对收集的消费者个人信息必须严格保密,不得泄露、出售或者非法向他人提供。经营者应当采取技术措施和其他必要措施,确保信息安全,防止消费者个人信息泄露、丢失。在发生或者可能发生信息泄露、丢失的情况时,应当立即采取补救措施。

经营者未经消费者同意或者请求,或者消费者明确表示拒绝的,不得向其发送商业性信息。

第四章　国家对消费者合法权益的保护

第三十条　国家制定有关消费者权益的法律、法规、规章和强制性标准,应当听取消费者和消费者协会等组织的意见。

第三十一条　各级人民政府应当加强领导,组织、协调、督促有关行政部门做好保护消费者合法权益的工作,落实保护消费者合法权益的职责。

各级人民政府应当加强监督,预防危害消费者人身、财产安全行为的发生,及时制止危害消费者人身、财产安全的行为。

第三十二条　各级人民政府工商行政管理部门和其他有关行政部门应当依照法律、法规的规定,在各自的职责范围内,采取措施,保护消费者的合法权益。

有关行政部门应当听取消费者和消费者协会等组织对经营者交易行为、商品和服务质量问题的意见,及时调查处理。

第三十三条　有关行政部门在各自的职责范围内,应当定期或者不定期对经营者提供的商品和服务进行抽查检验,并及时向社会公布抽查检验结果。

有关行政部门发现并认定经营者提供的商品或者服务存在缺陷,有危及人身、财产安全危险的,应当立即责令经营者采取停止销售、警示、召回、无害化处理、销毁、停止生产或者服务等措施。

第三十四条　有关国家机关应当依照法律、法规的规定,惩处经营者在提供商品和服务中侵害消费者合法权益的违法犯罪行为。

第三十五条　人民法院应当采取措施,方便消费者提起诉讼。对符合《中华人民共和国民事诉讼法》起诉条件的消费者权益争议,必须受理,及时审理。

第五章　消费者组织

第三十六条　消费者协会和其他消费者组织是依法成立的对商品和服务进行社会监督的保护消费者合法权益的社会组织。

第三十七条　消费者协会履行下列公益性职责:

(一)向消费者提供消费信息和咨询服务,提高消费者维护自身合法权益的能力,引导文明、健康、节约资源和保护环境的消费方式;

(二)参与制定有关消费者权益的法律、法规、规章和强制性标准;

(三)参与有关行政部门对商品和服务的监督、检查;

(四)就有关消费者合法权益的问题,向有关部门反映、查询,提出建议;

（五）受理消费者的投诉，并对投诉事项进行调查、调解；

（六）投诉事项涉及商品和服务质量问题的，可以委托具备资格的鉴定人鉴定，鉴定人应当告知鉴定意见；

（七）就损害消费者合法权益的行为，支持受损害的消费者提起诉讼或者依照本法提起诉讼；

（八）对损害消费者合法权益的行为，通过大众传播媒介予以揭露、批评。

各级人民政府对消费者协会履行职责应当予以必要的经费等支持。

消费者协会应当认真履行保护消费者合法权益的职责，听取消费者的意见和建议，接受社会监督。

依法成立的其他消费者组织依照法律、法规及其章程的规定，开展保护消费者合法权益的活动。

第三十八条　消费者组织不得从事商品经营和营利性服务，不得以收取费用或者其他牟取利益的方式向消费者推荐商品和服务。

第六章　争议的解决

第三十九条　消费者和经营者发生消费者权益争议的，可以通过下列途径解决：

（一）与经营者协商和解；

（二）请求消费者协会或者依法成立的其他调解组织调解；

(三)向有关行政部门投诉;

(四)根据与经营者达成的仲裁协议提请仲裁机构仲裁;

(五)向人民法院提起诉讼。

第四十条 消费者在购买、使用商品时,其合法权益受到损害的,可以向销售者要求赔偿。销售者赔偿后,属于生产者的责任或者属于向销售者提供商品的其他销售者的责任的,销售者有权向生产者或者其他销售者追偿。

消费者或者其他受害人因商品缺陷造成人身、财产损害的,可以向销售者要求赔偿,也可以向生产者要求赔偿。属于生产者责任的,销售者赔偿后,有权向生产者追偿。属于销售者责任的,生产者赔偿后,有权向销售者追偿。

消费者在接受服务时,其合法权益受到损害的,可以向服务者要求赔偿。

第四十一条 消费者在购买、使用商品或者接受服务时,其合法权益受到损害,因原企业分立、合并的,可以向变更后承受其权利义务的企业要求赔偿。

第四十二条 使用他人营业执照的违法经营者提供商品或者服务,损害消费者合法权益的,消费者可以向其要求赔偿,也可以向营业执照的持有人要求赔偿。

第四十三条 消费者在展销会、租赁柜台购买商品或者接受服务,其合法权益受到损害的,可以向销售者或者服务者要求赔偿。展销会结束或者柜台租赁期满后,也可以向展销会的举办者、柜台的出租者要求赔偿。展销会的举办者、柜台的出租者赔偿后,有权向销售者或者服务者追偿。

第四十四条 消费者通过网络交易平台购买商品或者接受服务,其合法权益受到损害的,可以向销售者或者服务者要求赔偿。网络交易平台提供者不能提供销售者或者服务者的真实名称、地址和有效联系方式的,消费者也可以向网络交易平台提供者要求赔偿;网络交易平台提供者作出更有利于消费者的承诺的,应当履行承诺。网络交易平台提供者赔偿后,有权向销售者或者服务者追偿。

网络交易平台提供者明知或者应知销售者或者服务者利用其平台侵害消费者合法权益,未采取必要措施的,依法与该销售者或者服务者承担连带责任。

第四十五条 消费者因经营者利用虚假广告或者其他虚假宣传方式提供商品或者服务,其合法权益受到损害的,可以向经营者要求赔偿。广告经营者、发布者发布虚假广告的,消费者可以请求行政主管部门予以惩处。广告经营者、发布者不能提供经营者的真实名称、地址和有效联系方式的,应当承担赔偿责任。

广告经营者、发布者设计、制作、发布关系消费者生命健康商品或者服务的虚假广告,造成消费者损害的,应当与提供该商品或者服务的经营者承担连带责任。

社会团体或者其他组织、个人在关系消费者生命健康商品或者服务的虚假广告或者其他虚假宣传中向消费者推荐商品或者服务,造成消费者损害的,应当与提供该商品或者服务的经营者承担连带责任。

第四十六条 消费者向有关行政部门投诉的,该部门应当自收到投诉之日起七个工作日内,予以处理并告知消费者。

第四十七条 对侵害众多消费者合法权益的行为,中国消费者协会以及在省、自治区、直辖市设立的消费者协会,可以向人民法院提起诉讼。

第七章　法律责任

第四十八条 经营者提供商品或者服务有下列情形之一的,除本法另有规定外,应当依照其他有关法律、法规的规定,承担民事责任:

(一)商品或者服务存在缺陷的;

(二)不具备商品应当具备的使用性能而出售时未作说明的;

(三)不符合在商品或者其包装上注明采用的商品标准的;

(四)不符合商品说明、实物样品等方式表明的质量状况的;

(五)生产国家明令淘汰的商品或者销售失效、变质的商品的;

(六)销售的商品数量不足的;

(七)服务的内容和费用违反约定的;

(八)对消费者提出的修理、重作、更换、退货、补足商品数量、退还货款和服务费用或者赔偿损失的要求,故意拖延或者无理拒绝的;

(九)法律、法规规定的其他损害消费者权益的情形。

经营者对消费者未尽到安全保障义务,造成消费者损害的,应当承担侵权责任。

第四十九条 经营者提供商品或者服务,造成消费者或者其他受害人人身伤害的,应当赔偿医疗费、护理费、交通费等为治疗和康复支出的合理费用,以及因误工减少的收入。造成残疾的,还应当赔偿残疾生活辅助具费和残疾赔偿金。造成死亡的,还应当赔偿丧葬费和死亡赔偿金。

第五十条 经营者侵害消费者的人格尊严、侵犯消费者人身自由或者侵害消费者个人信息依法得到保护的权利的,应当停止侵害、恢复名誉、消除影响、赔礼道歉,并赔偿损失。

第五十一条 经营者有侮辱诽谤、搜查身体、侵犯人身自由等侵害消费者或者其他受害人人身权益的行为,造成严重精神损害的,受害人可以要求精神损害赔偿。

第五十二条 经营者提供商品或者服务,造成消费者财产损害的,应当依照法律规定或者当事人约定承担修理、重作、更换、退货、补足商品数量、退还货款和服务费用或者赔偿损失等民事责任。

第五十三条 经营者以预收款方式提供商品或者服务的,应当按照约定提供。未按照约定提供的,应当按照消费者的要求履行约定或者退回预付款;并应当承担预付款的利息、消费者必须支付的合理费用。

第五十四条 依法经有关行政部门认定为不合格的商品,消费者要求退货的,经营者应当负责退货。

第五十五条 经营者提供商品或者服务有欺诈行为的,应当按照消费者的要求增加赔偿其受到的损失,增加赔偿的金额为消费者购买商品的价款或者接受服务的费用的三倍;增加赔偿的金额不足五百元的,为五百元。法律另有规定的,依照其规定。

经营者明知商品或者服务存在缺陷,仍然向消费者提供,造成消费者或者其他受害人死亡或者健康严重损害的,受害人有权要求经营者依照本法第四十九条、第五十一条等法律规定赔偿损失,并有权要求所受损失二倍以下的惩罚性赔偿。

第五十六条 经营者有下列情形之一,除承担相应的民事责任外,其他有关法律、法规对处罚机关和处罚方式有规定的,依照法律、法规的规定执行;法律、法规未作规定的,由工商行政管理部门或者其他有关行政部门责令改正,可以根据情节单处或者并处警告、没收违法所得、处以违法所得一倍以上十倍以下的罚款,没有违法所得的,处以五十万元以下的罚款;情节严重的,责令停业整顿、吊销营业执照:

(一)提供的商品或者服务不符合保障人身、财产安全要求的;

(二)在商品中掺杂、掺假,以假充真,以次充好,或者以不合格商品冒充合格商品的;

(三)生产国家明令淘汰的商品或者销售失效、变质的商品的;

(四)伪造商品的产地,伪造或者冒用他人的厂名、厂址,篡改生产日期,伪造或者冒用认证标志等质量标志的;

(五)销售的商品应当检验、检疫而未检验、检疫或者伪造检验、检疫结果的;

(六)对商品或者服务作虚假或者引人误解的宣传的;

(七)拒绝或者拖延有关行政部门责令对缺陷商品或者服务采取

停止销售、警示、召回、无害化处理、销毁、停止生产或者服务等措施的;

（八）对消费者提出的修理、重作、更换、退货、补足商品数量、退还货款和服务费用或者赔偿损失的要求,故意拖延或者无理拒绝的;

（九）侵害消费者人格尊严、侵犯消费者人身自由或者侵害消费者个人信息依法得到保护的权利的;

（十）法律、法规规定的对损害消费者权益应当予以处罚的其他情形。

经营者有前款规定情形的,除依照法律、法规规定予以处罚外,处罚机关应当记入信用档案,向社会公布。

第五十七条 经营者违反本法规定提供商品或者服务,侵害消费者合法权益,构成犯罪的,依法追究刑事责任。

第五十八条 经营者违反本法规定,应当承担民事赔偿责任和缴纳罚款、罚金,其财产不足以同时支付的,先承担民事赔偿责任。

第五十九条 经营者对行政处罚决定不服的,可以依法申请行政复议或者提起行政诉讼。

第六十条 以暴力、威胁等方法阻碍有关行政部门工作人员依法执行职务的,依法追究刑事责任;拒绝、阻碍有关行政部门工作人员依法执行职务,未使用暴力、威胁方法的,由公安机关依照《中华人民共和国治安管理处罚法》的规定处罚。

第六十一条 国家机关工作人员玩忽职守或者包庇经营者侵害消费者合法权益的行为的,由其所在单位或者上级机关给予行政处分;情节严重,构成犯罪的,依法追究刑事责任。

第八章 附 则

第六十二条 农民购买、使用直接用于农业生产的生产资料,参照本法执行。

第六十三条 本法自1994年1月1日起施行。

中华人民共和国旅游法

（2013年4月25日第十二届全国人民代表大会常务委员会第二次会议通过,2013年4月25日中华人民共和国主席令第3号公布;根据《全国人民代表大会常务委员会关于修改〈中华人民共和国对外贸易法〉等十二部法律的决定》修订通过,2016年11月7日中华人民共和国主席令第57号公布施行）

第一章　总　　则

第一条　为保障旅游者和旅游经营者的合法权益,规范旅游市场秩序,保护和合理利用旅游资源,促进旅游业持续健康发展,制定本法。

第二条　在中华人民共和国境内的和在中华人民共和国境内组织到境外的游览、度假、休闲等形式的旅游活动以及为旅游活动提供相关服务的经营活动,适用本法。

第三条　国家发展旅游事业,完善旅游公共服务,依法保护旅游者在旅游活动中的权利。

第四条　旅游业发展应当遵循社会效益、经济效益和生态效益相统一的原则。国家鼓励各类市场主体在有效保护旅游资源的前提下，依法合理利用旅游资源。利用公共资源建设的游览场所应当体现公益性质。

第五条 国家倡导健康、文明、环保的旅游方式，支持和鼓励各类社会机构开展旅游公益宣传，对促进旅游业发展做出突出贡献的单位和个人给予奖励。

第六条 国家建立健全旅游服务标准和市场规则，禁止行业垄断和地区垄断。旅游经营者应当诚信经营，公平竞争，承担社会责任，为旅游者提供安全、健康、卫生、方便的旅游服务。

第七条 国务院建立健全旅游综合协调机制，对旅游业发展进行综合协调。

县级以上地方人民政府应当加强对旅游工作的组织和领导，明确相关部门或者机构，对本行政区域的旅游业发展和监督管理进行统筹协调。

第八条 依法成立的旅游行业组织，实行自律管理。

第二章　旅游者

第九条 旅游者有权自主选择旅游产品和服务，有权拒绝旅游经营者的强制交易行为。

旅游者有权知悉其购买的旅游产品和服务的真实情况。

旅游者有权要求旅游经营者按照约定提供产品和服务。

第十条 旅游者的人格尊严、民族风俗习惯和宗教信仰应当得到尊重。

第十一条 残疾人、老年人、未成年人等旅游者在旅游活动中依照法律、法规和有关规定享受便利和优惠。

第十二条 旅游者在人身、财产安全遇有危险时,有请求救助和保护的权利。

旅游者人身、财产受到侵害的,有依法获得赔偿的权利。

第十三条 旅游者在旅游活动中应当遵守社会公共秩序和社会公德,尊重当地的风俗习惯、文化传统和宗教信仰,爱护旅游资源,保护生态环境,遵守旅游文明行为规范。

第十四条 旅游者在旅游活动中或者在解决纠纷时,不得损害当地居民的合法权益,不得干扰他人的旅游活动,不得损害旅游经营者和旅游从业人员的合法权益。

第十五条 旅游者购买、接受旅游服务时,应当向旅游经营者如实告知与旅游活动相关的个人健康信息,遵守旅游活动中的安全警示规定。

旅游者对国家应对重大突发事件暂时限制旅游活动的措施以及有关部门、机构或者旅游经营者采取的安全防范和应急处置措施,应当予以配合。

旅游者违反安全警示规定,或者对国家应对重大突发事件暂时限制旅游活动的措施、安全防范和应急处置措施不予配合的,依法承担相应责任。

第十六条　出境旅游者不得在境外非法滞留,随团出境的旅游者不得擅自分团、脱团。

入境旅游者不得在境内非法滞留,随团入境的旅游者不得擅自分团、脱团。

第三章　旅游规划和促进

第十七条　国务院和县级以上地方人民政府应当将旅游业发展纳入国民经济和社会发展规划。

国务院和省、自治区、直辖市人民政府以及旅游资源丰富的设区的市和县级人民政府,应当按照国民经济和社会发展规划的要求,组织编制旅游发展规划。对跨行政区域且适宜进行整体利用的旅游资源进行利用时,应当由上级人民政府组织编制或者由相关地方人民政府协商编制统一的旅游发展规划。

第十八条　旅游发展规划应当包括旅游业发展的总体要求和发展目标,旅游资源保护和利用的要求和措施,以及旅游产品开发、旅游服务质量提升、旅游文化建设、旅游形象推广、旅游基础设施和公共服务设施建设的要求和促进措施等内容。

根据旅游发展规划,县级以上地方人民政府可以编制重点旅游资源开发利用的专项规划,对特定区域内的旅游项目、设施和服务功能配套提出专门要求。

第十九条　旅游发展规划应当与土地利用总体规划、城乡规划、环境保护规划以及其他自然资源和文物等人文资源的保护和利用规划相衔接。

第二十条 各级人民政府编制土地利用总体规划、城乡规划,应当充分考虑相关旅游项目、设施的空间布局和建设用地要求。规划和建设交通、通信、供水、供电、环保等基础设施和公共服务设施,应当兼顾旅游业发展的需要。

第二十一条 对自然资源和文物等人文资源进行旅游利用,必须严格遵守有关法律、法规的规定,符合资源、生态保护和文物安全的要求,尊重和维护当地传统文化和习俗,维护资源的区域整体性、文化代表性和地域特殊性,并考虑军事设施保护的需要。有关主管部门应当加强对资源保护和旅游利用状况的监督检查。

第二十二条 各级人民政府应当组织对本级政府编制的旅游发展规划的执行情况进行评估,并向社会公布。

第二十三条 国务院和县级以上地方人民政府应当制定并组织实施有利于旅游业持续健康发展的产业政策,推进旅游休闲体系建设,采取措施推动区域旅游合作,鼓励跨区域旅游线路和产品开发,促进旅游与工业、农业、商业、文化、卫生、体育、科教等领域的融合,扶持少数民族地区、革命老区、边远地区和贫困地区旅游业发展。

第二十四条 国务院和县级以上地方人民政府应当根据实际情况安排资金,加强旅游基础设施建设、旅游公共服务和旅游形象推广。

第二十五条 国家制定并实施旅游形象推广战略。国务院旅游主管部门统筹组织国家旅游形象的境外推广工作,建立旅游形象推广机构和网络,开展旅游国际合作与交流。

县级以上地方人民政府统筹组织本地的旅游形象推广工作。

第二十六条 国务院旅游主管部门和县级以上地方人民政府应当根据需要建立旅游公共信息和咨询平台,无偿向旅游者提供旅游景区、线路、交通、气象、住宿、安全、医疗急救等必要信息和咨询服务。设区的市和县级人民政府有关部门应当根据需要在交通枢纽、商业中心和旅游者集中场所设置旅游咨询中心,在景区和通往主要景区的道路设置旅游指示标识。

旅游资源丰富的设区的市和县级人民政府可以根据本地的实际情况,建立旅游客运专线或者游客中转站,为旅游者在城市及周边旅游提供服务。

第二十七条 国家鼓励和支持发展旅游职业教育和培训,提高旅游从业人员素质。

第四章　旅游经营

第二十八条 设立旅行社,招徕、组织、接待旅游者,为其提供旅游服务,应当具备下列条件,取得旅游主管部门的许可,依法办理工商登记:

(一)有固定的经营场所;

(二)有必要的营业设施;

(三)有符合规定的注册资本;

（四）有必要的经营管理人员和导游；

（五）法律、行政法规规定的其他条件。

第二十九条　旅行社可以经营下列业务：

（一）境内旅游；

（二）出境旅游；

（三）边境旅游；

（四）入境旅游；

（五）其他旅游业务。

旅行社经营前款第二项和第三项业务,应当取得相应的业务经营许可,具体条件由国务院规定。

第三十条　旅行社不得出租、出借旅行社业务经营许可证,或者以其他形式非法转让旅行社业务经营许可。

第三十一条　旅行社应当按照规定交纳旅游服务质量保证金,用于旅游者权益损害赔偿和垫付旅游者人身安全遇有危险时紧急救助的费用。

第三十二条　旅行社为招徕、组织旅游者发布信息,必须真实、准确,不得进行虚假宣传,误导旅游者。

第三十三条　旅行社及其从业人员组织、接待旅游者,不得安排参观或者参与违反我国法律、法规和社会公德的项目或者活动。

第三十四条　旅行社组织旅游活动应当向合格的供应商订购产品和服务。

第三十五条　旅行社不得以不合理的低价组织旅游活动,诱骗旅游者,并通过安排购物或者另行付费旅游项目获取回扣等不正当利益。

旅行社组织、接待旅游者,不得指定具体购物场所,不得安排另行付费旅游项目。但是,经双方协商一致或者旅游者要求,且不影响其他旅游者行程安排的除外。

发生违反前两款规定情形的,旅游者有权在旅游行程结束后三十日内,要求旅行社为其办理退货并先行垫付退货货款,或者退还另行付费旅游项目的费用。

第三十六条 旅行社组织团队出境旅游或者组织、接待团队入境旅游,应当按照规定安排领队或者导游全程陪同。

第三十七条 参加导游资格考试成绩合格,与旅行社订立劳动合同或者在相关旅游行业组织注册的人员,可以申请取得导游证。

第三十八条 旅行社应当与其聘用的导游依法订立劳动合同,支付劳动报酬,缴纳社会保险费用。

旅行社临时聘用导游为旅游者提供服务的,应当全额向导游支付本法第六十条第三款规定的导游服务费用。

旅行社安排导游为团队旅游提供服务的,不得要求导游垫付或者向导游收取任何费用。

第三十九条 从事领队业务,应当取得导游证,具有相应的学历、语言能力和旅游从业经历,并与委派其从事领队业务的取得出境旅游业务经营许可的旅行社订立劳动合同。

第四十条 导游和领队为旅游者提供服务必须接受旅行社委派,不得私自承揽导游和领队业务。

第四十一条 导游和领队从事业务活动,应当佩戴导游证,遵守职业道德,尊重旅游者的风俗习惯和宗教信仰,应当向旅游者告知和解释旅游文明行为规范,引导旅游者健康、文明旅游,劝阻旅游者违反社会公德的行为。

导游和领队应当严格执行旅游行程安排,不得擅自变更旅游行程或者中止服务活动,不得向旅游者索取小费,不得诱导、欺骗、强迫或者变相强迫旅游者购物或者参加另行付费旅游项目。

第四十二条 景区开放应当具备下列条件,并听取旅游主管部门的意见:

(一)有必要的旅游配套服务和辅助设施;

(二)有必要的安全设施及制度,经过安全风险评估,满足安全条件;

(三)有必要的环境保护设施和生态保护措施;

(四)法律、行政法规规定的其他条件。

第四十三条 利用公共资源建设的景区的门票以及景区内的游览场所、交通工具等另行收费项目,实行政府定价或者政府指导价,严格控制价格上涨。拟收费或者提高价格的,应当举行听证会,征求旅游者、经营者和有关方面的意见,论证其必要性、可行性。

利用公共资源建设的景区,不得通过增加另行收费项目等方式变相涨价;另行收费项目已收回投资成本的,应当相应降低价格或者取消收费。

公益性的城市公园、博物馆、纪念馆等,除重点文物保护单位和珍贵文物收藏单位外,应当逐步免费开放。

第四十四条 景区应当在醒目位置公示门票价格、另行收费项目的价格及团体收费价格。景区提高门票价格应当提前六个月公布。

将不同景区的门票或者同一景区内不同游览场所的门票合并出售的,合并后的价格不得高于各单项门票的价格之和,且旅游者有权选择购买其中的单项票。

景区内的核心游览项目因故暂停向旅游者开放或者停止提供服务的,应当公示并相应减少收费。

第四十五条 景区接待旅游者不得超过景区主管部门核定的最大承载量。景区应当公布景区主管部门核定的最大承载量,制定和实施旅游者流量控制方案,并可以采取门票预约等方式,对景区接待旅游者的数量进行控制。

旅游者数量可能达到最大承载量时,景区应当提前公告并同时向当地人民政府报告,景区和当地人民政府应当及时采取疏导、分流等措施。

第四十六条 城镇和乡村居民利用自有住宅或者其他条件依法从事旅游经营,其管理办法由省、自治区、直辖市制定。

第四十七条 经营高空、高速、水上、潜水、探险等高风险旅游项目,应当按照国家有关规定取得经营许可。

第四十八条 通过网络经营旅行社业务的,应当依法取得旅行社业务经营许可,并在其网站主页的显著位置标明其业务经营许可证信息。

发布旅游经营信息的网站,应当保证其信息真实、准确。

第四十九条 为旅游者提供交通、住宿、餐饮、娱乐等服务的经营者,应当符合法律、法规规定的要求,按照合同约定履行义务。

第五十条 旅游经营者应当保证其提供的商品和服务符合保障人身、财产安全的要求。

旅游经营者取得相关质量标准等级的,其设施和服务不得低于相应标准;未取得质量标准等级的,不得使用相关质量等级的称谓和标识。

第五十一条 旅游经营者销售、购买商品或者服务,不得给予或者收受贿赂。

第五十二条 旅游经营者对其在经营活动中知悉的旅游者个人信息,应当予以保密。

第五十三条 从事道路旅游客运的经营者应当遵守道路客运安全管理的各项制度,并在车辆显著位置明示道路旅游客运专用标识,在车厢内显著位置公示经营者和驾驶人信息、道路运输管理机构监督电话等事项。

第五十四条 景区、住宿经营者将其部分经营项目或者场地交由他人从事住宿、餐饮、购物、游览、娱乐、旅游交通等经营的,应当对实际经营者的经营行为给旅游者造成的损害承担连带责任。

第五十五条 旅游经营者组织、接待出入境旅游,发现旅游者从事违法活动或者有违反本法第十六条规定情形的,应当及时向公安机关、旅游主管部门或者我国驻外机构报告。

第五十六条　国家根据旅游活动的风险程度,对旅行社、住宿、旅游交通以及本法第四十七条规定的高风险旅游项目等经营者实施责任保险制度。

第五章　旅游服务合同

第五十七条　旅行社组织和安排旅游活动,应当与旅游者订立合同。

第五十八条　包价旅游合同应当采用书面形式,包括下列内容:

(一)旅行社、旅游者的基本信息;

(二)旅游行程安排;

(三)旅游团成团的最低人数;

(四)交通、住宿、餐饮等旅游服务安排和标准;

(五)游览、娱乐等项目的具体内容和时间;

(六)自由活动时间安排;

(七)旅游费用及其交纳的期限和方式;

(八)违约责任和解决纠纷的方式;

(九)法律、法规规定和双方约定的其他事项。

订立包价旅游合同时,旅行社应当向旅游者详细说明前款第二项至第八项所载内容。

第五十九条　旅行社应当在旅游行程开始前向旅游者提供旅游行程单。旅游行程单是包价旅游合同的组成部分。

第六十条 旅行社委托其他旅行社代理销售包价旅游产品并与旅游者订立包价旅游合同的,应当在包价旅游合同中载明委托社和代理社的基本信息。

旅行社依照本法规定将包价旅游合同中的接待业务委托给地接社履行的,应当在包价旅游合同中载明地接社的基本信息。

安排导游为旅游者提供服务的,应当在包价旅游合同中载明导游服务费用。

第六十一条 旅行社应当提示参加团队旅游的旅游者按照规定投保人身意外伤害保险。

第六十二条 订立包价旅游合同时,旅行社应当向旅游者告知下列事项:

(一)旅游者不适合参加旅游活动的情形;

(二)旅游活动中的安全注意事项;

(三)旅行社依法可以减免责任的信息;

(四)旅游者应当注意的旅游目的地相关法律、法规和风俗习惯、宗教禁忌,依照中国法律不宜参加的活动等;

(五)法律、法规规定的其他应当告知的事项。

在包价旅游合同履行中,遇有前款规定事项的,旅行社也应当告知旅游者。

第六十三条 旅行社招徕旅游者组团旅游,因未达到约定人数不能出团的,组团社可以解除合同。但是,境内旅游应当至少提前七日通知旅游者,出境旅游应当至少提前三十日通知旅游者。

因未达到约定人数不能出团的,组团社经征得旅游者书面同意,可以委托其他旅行社履行合同。组团社对旅游者承担责任,受委托的旅行社对组团社承担责任。旅游者不同意的,可以解除合同。

因未达到约定的成团人数解除合同的,组团社应当向旅游者退还已收取的全部费用。

第六十四条 旅游行程开始前,旅游者可以将包价旅游合同中自身的权利义务转让给第三人,旅行社没有正当理由的不得拒绝,因此增加的费用由旅游者和第三人承担。

第六十五条 旅游行程结束前,旅游者解除合同的,组团社应当在扣除必要的费用后,将余款退还旅游者。

第六十六条 旅游者有下列情形之一的,旅行社可以解除合同:

(一)患有传染病等疾病,可能危害其他旅游者健康和安全的;

(二)携带危害公共安全的物品且不同意交有关部门处理的;

(三)从事违法或者违反社会公德的活动的;

(四)从事严重影响其他旅游者权益的活动,且不听劝阻、不能制止的;

(五)法律规定的其他情形。

因前款规定情形解除合同的,组团社应当在扣除必要的费用后,将余款退还旅游者;给旅行社造成损失的,旅游者应当依法承担赔偿责任。

第六十七条 因不可抗力或者旅行社、履行辅助人已尽合理注意义务仍不能避免的事件,影响旅游行程的,按照下列情形处理:

（一）合同不能继续履行的，旅行社和旅游者均可以解除合同。合同不能完全履行的，旅行社经向旅游者作出说明，可以在合理范围内变更合同；旅游者不同意变更的，可以解除合同。

（二）合同解除的，组团社应当在扣除已向地接社或者履行辅助人支付且不可退还的费用后，将余款退还旅游者；合同变更的，因此增加的费用由旅游者承担，减少的费用退还旅游者。

（三）危及旅游者人身、财产安全的，旅行社应当采取相应的安全措施，因此支出的费用，由旅行社与旅游者分担。

（四）造成旅游者滞留的，旅行社应当采取相应的安置措施。因此增加的食宿费用，由旅游者承担；增加的返程费用，由旅行社与旅游者分担。

第六十八条 旅游行程中解除合同的，旅行社应当协助旅游者返回出发地或者旅游者指定的合理地点。由于旅行社或者履行辅助人的原因导致合同解除的，返程费用由旅行社承担。

第六十九条 旅行社应当按照包价旅游合同的约定履行义务，不得擅自变更旅游行程安排。

经旅游者同意，旅行社将包价旅游合同中的接待业务委托给其他具有相应资质的地接社履行的，应当与地接社订立书面委托合同，约定双方的权利和义务，向地接社提供与旅游者订立的包价旅游合同的副本，并向地接社支付不低于接待和服务成本的费用。地接社应当按照包价旅游合同和委托合同提供服务。

第七十条 旅行社不履行包价旅游合同义务或者履行合同义务不

符合约定的,应当依法承担继续履行、采取补救措施或者赔偿损失等违约责任;造成旅游者人身损害、财产损失的,应当依法承担赔偿责任。旅行社具备履行条件,经旅游者要求仍拒绝履行合同,造成旅游者人身损害、滞留等严重后果的,旅游者还可以要求旅行社支付旅游费用一倍以上三倍以下的赔偿金。

由于旅游者自身原因导致包价旅游合同不能履行或者不能按照约定履行,或者造成旅游者人身损害、财产损失的,旅行社不承担责任。

在旅游者自行安排活动期间,旅行社未尽到安全提示、救助义务的,应当对旅游者的人身损害、财产损失承担相应责任。

第七十一条 由于地接社、履行辅助人的原因导致违约的,由组团社承担责任;组团社承担责任后可以向地接社、履行辅助人追偿。

由于地接社、履行辅助人的原因造成旅游者人身损害、财产损失的,旅游者可以要求地接社、履行辅助人承担赔偿责任,也可以要求组团社承担赔偿责任;组团社承担责任后可以向地接社、履行辅助人追偿。但是,由于公共交通经营者的原因造成旅游者人身损害、财产损失的,由公共交通经营者依法承担赔偿责任,旅行社应当协助旅游者向公共交通经营者索赔。

第七十二条 旅游者在旅游活动中或者在解决纠纷时,损害旅行社、履行辅助人、旅游从业人员或者其他旅游者的合法权益的,依法承担赔偿责任。

第七十三条 旅行社根据旅游者的具体要求安排旅游行程,与旅游者订立包价旅游合同的,旅游者请求变更旅游行程安排,因此增加的费用由旅游者承担,减少的费用退还旅游者。

第七十四条 旅行社接受旅游者的委托,为其代订交通、住宿、餐饮、游览、娱乐等旅游服务,收取代办费用的,应当亲自处理委托事务。因旅行社的过错给旅游者造成损失的,旅行社应当承担赔偿责任。

旅行社接受旅游者的委托,为其提供旅游行程设计、旅游信息咨询等服务的,应当保证设计合理、可行,信息及时、准确。

第七十五条 住宿经营者应当按照旅游服务合同的约定为团队旅游者提供住宿服务。住宿经营者未能按照旅游服务合同提供服务的,应当为旅游者提供不低于原定标准的住宿服务,因此增加的费用由住宿经营者承担;但由于不可抗力、政府因公共利益需要采取措施造成不能提供服务的,住宿经营者应当协助安排旅游者住宿。

第六章　旅游安全

第七十六条 县级以上人民政府统一负责旅游安全工作。县级以上人民政府有关部门依照法律、法规履行旅游安全监管职责。

第七十七条 国家建立旅游目的地安全风险提示制度。旅游目的地安全风险提示的级别划分和实施程序,由国务院旅游主管部门会同有关部门制定。

县级以上人民政府及其有关部门应当将旅游安全作为突发事件监测和评估的重要内容。

第七十八条 县级以上人民政府应当依法将旅游应急管理纳入政

府应急管理体系,制定应急预案,建立旅游突发事件应对机制。

突发事件发生后,当地人民政府及其有关部门和机构应当采取措施开展救援,并协助旅游者返回出发地或者旅游者指定的合理地点。

第七十九条　旅游经营者应当严格执行安全生产管理和消防安全管理的法律、法规和国家标准、行业标准,具备相应的安全生产条件,制定旅游者安全保护制度和应急预案。

旅游经营者应当对直接为旅游者提供服务的从业人员开展经常性应急救助技能培训,对提供的产品和服务进行安全检验、监测和评估,采取必要措施防止危害发生。

旅游经营者组织、接待老年人、未成年人、残疾人等旅游者,应当采取相应的安全保障措施。

第八十条　旅游经营者应当就旅游活动中的下列事项,以明示的方式事先向旅游者作出说明或者警示:

(一)正确使用相关设施、设备的方法;

(二)必要的安全防范和应急措施;

(三)未向旅游者开放的经营、服务场所和设施、设备;

(四)不适宜参加相关活动的群体;

(五)可能危及旅游者人身、财产安全的其他情形。

第八十一条　突发事件或者旅游安全事故发生后,旅游经营者应当立即采取必要的救助和处置措施,依法履行报告义务,并对旅游者作出妥善安排。

第八十二条　旅游者在人身、财产安全遇有危险时,有权请求旅游经营者、当地政府和相关机构进行及时救助。

中国出境旅游者在境外陷于困境时,有权请求我国驻当地机构在其职责范围内给予协助和保护。

旅游者接受相关组织或者机构的救助后,应当支付应由个人承担的费用。

第七章　旅游监督管理

第八十三条　县级以上人民政府旅游主管部门和有关部门依照本法和有关法律、法规的规定,在各自职责范围内对旅游市场实施监督管理。

县级以上人民政府应当组织旅游主管部门、有关主管部门和工商行政管理、产品质量监督、交通等执法部门对相关旅游经营行为实施监督检查。

第八十四条　旅游主管部门履行监督管理职责,不得违反法律、行政法规的规定向监督管理对象收取费用。

旅游主管部门及其工作人员不得参与任何形式的旅游经营活动。

第八十五条　县级以上人民政府旅游主管部门有权对下列事项实施监督检查:

(一)经营旅行社业务以及从事导游、领队服务是否取得经营、执业许可;

(二)旅行社的经营行为;

(三)导游和领队等旅游从业人员的服务行为;

(四)法律、法规规定的其他事项。

旅游主管部门依照前款规定实施监督检查,可以对涉嫌违法的合同、票据、账簿以及其他资料进行查阅、复制。

第八十六条 旅游主管部门和有关部门依法实施监督检查,其监督检查人员不得少于二人,并应当出示合法证件。监督检查人员少于二人或者未出示合法证件的,被检查单位和个人有权拒绝。

监督检查人员对在监督检查中知悉的被检查单位的商业秘密和个人信息应当依法保密。

第八十七条 对依法实施的监督检查,有关单位和个人应当配合,如实说明情况并提供文件、资料,不得拒绝、阻碍和隐瞒。

第八十八条 县级以上人民政府旅游主管部门和有关部门,在履行监督检查职责中或者在处理举报、投诉时,发现违反本法规定行为的,应当依法及时作出处理;对不属于本部门职责范围的事项,应当及时书面通知并移交有关部门查处。

第八十九条 县级以上地方人民政府建立旅游违法行为查处信息的共享机制,对需要跨部门、跨地区联合查处的违法行为,应当进行督办。

旅游主管部门和有关部门应当按照各自职责,及时向社会公布监督检查的情况。

第九十条 依法成立的旅游行业组织依照法律、行政法规和章程的规定,制定行业经营规范和服务标准,对其会员的经营行为和服务质量进行自律管理,组织开展职业道德教育和业务培训,提高从业人员素质。

第八章 旅游纠纷处理

第九十一条 县级以上人民政府应当指定或者设立统一的旅游投诉受理机构。受理机构接到投诉,应当及时进行处理或者移交有关部门处理,并告知投诉者。

第九十二条 旅游者与旅游经营者发生纠纷,可以通过下列途径解决:

(一)双方协商;

(二)向消费者协会、旅游投诉受理机构或者有关调解组织申请调解;

(三)根据与旅游经营者达成的仲裁协议提请仲裁机构仲裁;

(四)向人民法院提起诉讼。

第九十三条 消费者协会、旅游投诉受理机构和有关调解组织在双方自愿的基础上,依法对旅游者与旅游经营者之间的纠纷进行调解。

第九十四条 旅游者与旅游经营者发生纠纷,旅游者一方人数众多并有共同请求的,可以推选代表人参加协商、调解、仲裁、诉讼活动。

第九章 法律责任

第九十五条 违反本法规定,未经许可经营旅行社业务的,由旅游主管部门或者工商行政管理部门责令改正,没收违法所得,并处一万元以上十万元以下罚款;违法所得十万元以上的,并处违法所得一倍以上五倍以下罚款;对有关责任人员,处二千元以上二万元以下罚款。

旅行社违反本法规定,未经许可经营本法第二十九条第一款第二项、第三项业务,或者出租、出借旅行社业务经营许可证,或者以其他方式非法转让旅行社业务经营许可的,除依照前款规定处罚外,并责令停业整顿;情节严重的,吊销旅行社业务经营许可证;对直接负责的主管人员,处二千元以上二万元以下罚款。

第九十六条 旅行社违反本法规定,有下列行为之一的,由旅游主管部门责令改正,没收违法所得,并处五千元以上五万元以下罚款;情节严重的,责令停业整顿或者吊销旅行社业务经营许可证;对直接负责的主管人员和其他直接责任人员,处二千元以上二万元以下罚款:

(一)未按照规定为出境或者入境团队旅游安排领队或者导游全程陪同的;

(二)安排未取得导游证的人员提供导游服务或者安排不具备领队条件的人员提供领队服务的;

(三)未向临时聘用的导游支付导游服务费用的;

(四)要求导游垫付或者向导游收取费用的。

第九十七条 旅行社违反本法规定,有下列行为之一的,由旅游主管部门或者有关部门责令改正,没收违法所得,并处五千元以上五万元以下罚款;违法所得五万元以上的,并处违法所得一倍以上五倍以下罚款;情节严重的,责令停业整顿或者吊销旅行社业务经营许可证;对直

接负责的主管人员和其他直接责任人员,处二千元以上二万元以下罚款:

(一)进行虚假宣传,误导旅游者的;

(二)向不合格的供应商订购产品和服务的;

(三)未按照规定投保旅行社责任保险的。

第九十八条 旅行社违反本法第三十五条规定的,由旅游主管部门责令改正,没收违法所得,责令停业整顿,并处三万元以上三十万元以下罚款;违法所得三十万元以上的,并处违法所得一倍以上五倍以下罚款;情节严重的,吊销旅行社业务经营许可证;对直接负责的主管人员和其他直接责任人员,没收违法所得,处二千元以上二万元以下罚款,并暂扣或者吊销导游证。

第九十九条 旅行社未履行本法第五十五条规定的报告义务的,由旅游主管部门处五千元以上五万元以下罚款;情节严重的,责令停业整顿或者吊销旅行社业务经营许可证;对直接负责的主管人员和其他直接责任人员,处二千元以上二万元以下罚款,并暂扣或者吊销导游证。

第一百条 旅行社违反本法规定,有下列行为之一的,由旅游主管部门责令改正,处三万元以上三十万元以下罚款,并责令停业整顿;造成旅游者滞留等严重后果的,吊销旅行社业务经营许可证;对直接负责的主管人员和其他直接责任人员,处二千元以上二万元以下罚款,并暂扣或者吊销导游证:

(一)在旅游行程中擅自变更旅游行程安排,严重损害旅游者权益的；

（二）拒绝履行合同的；

（三）未征得旅游者书面同意，委托其他旅行社履行包价旅游合同的。

第一百零一条　旅行社违反本法规定，安排旅游者参观或者参与违反我国法律、法规和社会公德的项目或者活动的，由旅游主管部门责令改正，没收违法所得，责令停业整顿，并处二万元以上二十万元以下罚款；情节严重的，吊销旅行社业务经营许可证；对直接负责的主管人员和其他直接责任人员，处二千元以上二万元以下罚款，并暂扣或者吊销导游证。

第一百零二条　违反本法规定，未取得导游证或者不具备领队条件而从事导游、领队活动的，由旅游主管部门责令改正，没收违法所得，并处一千元以上一万元以下罚款，予以公告。

导游、领队违反本法规定，私自承揽业务的，由旅游主管部门责令改正，没收违法所得，处一千元以上一万元以下罚款，并暂扣或者吊销导游证。

导游、领队违反本法规定，向旅游者索取小费的，由旅游主管部门责令退还，处一千元以上一万元以下罚款；情节严重的，并暂扣或者吊销导游证。

第一百零三条　违反本法规定被吊销导游证的导游、领队和受到吊销旅行社业务经营许可证处罚的旅行社的有关管理人员，自处罚之日起未逾三年的，不得重新申请导游证或者从事旅行社业务。

第一百零四条 旅游经营者违反本法规定,给予或者收受贿赂的,由工商行政管理部门依照有关法律、法规的规定处罚;情节严重的,并由旅游主管部门吊销旅行社业务经营许可证。

第一百零五条 景区不符合本法规定的开放条件而接待旅游者的,由景区主管部门责令停业整顿直至符合开放条件,并处二万元以上二十万元以下罚款。

景区在旅游者数量可能达到最大承载量时,未依照本法规定公告或者未向当地人民政府报告,未及时采取疏导、分流等措施,或者超过最大承载量接待旅游者的,由景区主管部门责令改正,情节严重的,责令停业整顿一个月至六个月。

第一百零六条 景区违反本法规定,擅自提高门票或者另行收费项目的价格,或者有其他价格违法行为的,由有关主管部门依照有关法律、法规的规定处罚。

第一百零七条 旅游经营者违反有关安全生产管理和消防安全管理的法律、法规或者国家标准、行业标准的,由有关主管部门依照有关法律、法规的规定处罚。

第一百零八条 对违反本法规定的旅游经营者及其从业人员,旅游主管部门和有关部门应当记入信用档案,向社会公布。

第一百零九条 旅游主管部门和有关部门的工作人员在履行监督管理职责中,滥用职权、玩忽职守、徇私舞弊,尚不构成犯罪的,依法给予处分。

第一百一十条 违反本法规定,构成犯罪的,依法追究刑事责任。

第十章　附　则

第一百一十一条　本法下列用语的含义：

（一）旅游经营者，是指旅行社、景区以及为旅游者提供交通、住宿、餐饮、购物、娱乐等服务的经营者。

（二）景区，是指为旅游者提供游览服务、有明确的管理界限的场所或者区域。

（三）包价旅游合同，是指旅行社预先安排行程，提供或者通过履行辅助人提供交通、住宿、餐饮、游览、导游或者领队等两项以上旅游服务，旅游者以总价支付旅游费用的合同。

（四）组团社，是指与旅游者订立包价旅游合同的旅行社。

（五）地接社，是指接受组团社委托，在目的地接待旅游者的旅行社。

（六）履行辅助人，是指与旅行社存在合同关系，协助其履行包价旅游合同义务，实际提供相关服务的法人或者自然人。

第一百一十二条　本法自2013年10月1日起施行。

导游人员管理条例

（1999年5月4日国务院令第263号发布。根据2017年10月7日国务院令第687号《国务院关于修改部分行政法规的决定》修改）

第一条　为了规范导游活动,保障旅游者和导游人员的合法权益,促进旅游业的健康发展,制定本条例。

第二条　本条例所称导游人员,是指依照本条例的规定取得导游证,接受旅行社委派,为旅游者提供向导、讲解及相关旅游服务的人员。

第三条　国家实行全国统一的导游人员资格考试制度。

具有高级中学、中等专业学校或者以上学历,身体健康,具有适应导游需要的基本知识和语言表达能力的中华人民共和国公民,可以参加导游人员资格考试;经考试合格的,由国务院旅游行政部门或者国务院旅游行政部门委托省、自治区、直辖市人民政府旅游行政部门颁发导游人员资格证书。

第四条　在中华人民共和国境内从事导游活动,必须取得导游证。

取得导游人员资格证书的,经与旅行社订立劳动合同或者在相关旅游行业组织注册,方可持所订立的劳动合同或者登记证明材料,向省、自治区、直辖市人民政府旅游行政部门申请领取导游证。

导游证的样式规格,由国务院旅游行政部门规定。

第五条 有下列情形之一的,不得颁发导游证:

(一)无民事行为能力或者限制民事行为能力的;

(二)患有传染性疾病的;

(三)受过刑事处罚的,过失犯罪的除外;

(四)被吊销导游证的。

第六条 省、自治区、直辖市人民政府旅游行政部门应当自收到申请领取导游证之日起15日内,颁发导游证;发现有本条例第五条规定情形,不予颁发导游证的,应当书面通知申请人。

第七条 导游人员应当不断提高自身业务素质和职业技能。

国家对导游人员实行等级考核制度。导游人员等级考核标准和考核办法,由国务院旅游行政部门制定。

第八条 导游人员进行导游活动时,应当佩戴导游证。

导游证的有效期限为3年。导游证持有人需要在有效期满后继续从事导游活动的,应当在有效期限届满3个月前,向省、自治区、直辖市人民政府旅游行政部门申请办理换发导游证手续。

第九条 导游人员进行导游活动,必须经旅行社委派。

导游人员不得私自承揽或者以其他任何方式直接承揽导游业务,进行导游活动。

第十条 导游人员进行导游活动时,其人格尊严应当受到尊重,其人身安全不受侵犯。

导游人员有权拒绝旅游者提出的侮辱其人格尊严或者违反其职业道德的不合理要求。

第十一条 导游人员进行导游活动时,应当自觉维护国家利益和民族尊严,不得有损害国家利益和民族尊严的言行。

第十二条 导游人员进行导游活动时,应当遵守职业道德,着装整洁,礼貌待人,尊重旅游者的宗教信仰、民族风俗和生活习惯。

导游人员进行导游活动时,应当向旅游者讲解旅游地点的人文和自然情况,介绍风土人情和习俗;但是,不得迎合个别旅游者的低级趣味,在讲解、介绍中掺杂庸俗下流的内容。

第十三条 导游人员应当严格按照旅行社确定的接待计划,安排旅游者的旅行、游览活动,不得擅自增加、减少旅游项目或者中止导游活动。

导游人员在引导旅游者旅行、游览过程中,遇有可能危及旅游者人身安全的紧急情形时,经征得多数旅游者的同意,可以调整或者变更接待计划,但是应当立即报告旅行社。

第十四条 导游人员在引导旅游者旅行、游览过程中,应当就可能发生危及旅游者人身、财物安全的情况,向旅游者作出真实说明和明确警示,并按照旅行社的要求采取防止危害发生的措施。

第十五条 导游人员进行导游活动,不得向旅游者兜售物品或者购买旅游者的物品,不得以明示或者暗示的方式向旅游者索要小费。

第十六条 导游人员进行导游活动,不得欺骗、胁迫旅游者消费或者与经营者串通欺骗、胁迫旅游者消费。

第十七条 旅游者对导游人员违反本条例规定的行为,有权向旅游行政部门投诉。

第十八条 无导游证进行导游活动的,由旅游行政部门责令改正并予以公告,处1000元以上3万元以下的罚款;有违法所得的,并处没收违法所得。

第十九条 导游人员未经旅行社委派,私自承揽或者以其他任何方式直接承揽导游业务,进行导游活动的,由旅游行政部门责令改正,处1000元以上3万元以下的罚款;有违法所得的,并处没收违法所得;情节严重的,由省、自治区、直辖市人民政府旅游行政部门吊销导游证并予以公告。

第二十条 导游人员进行导游活动时,有损害国家利益和民族尊严的言行的,由旅游行政部门责令改正;情节严重的,由省、自治区、直辖市人民政府旅游行政部门吊销导游证并予以公告;对该导游人员所在的旅行社给予警告直至责令停业整顿。

第二十一条 导游人员进行导游活动时未佩戴导游证的,由旅游行政部门责令改正;拒不改正的,处500元以下的罚款。

第二十二条 导游人员有下列情形之一的,由旅游行政部门责令改正,暂扣导游证3至6个月;情节严重的,由省、自治区、直辖市人民政府旅游行政部门吊销导游证并予以公告:

(一)擅自增加或者减少旅游项目的;

(二)擅自变更接待计划的;

(三)擅自中止导游活动的。

第二十三条 导游人员进行导游活动,向旅游者兜售物品或者购买旅游者的物品的,或者以明示或者暗示的方式向旅游者索要小费的,由旅游行政部门责令改正,处1000元以上3万元以下的罚款;有违法所得的,并处没收违法所得;情节严重的,由省、自治区、直辖市人民政府旅游行政部门吊销导游证并予以公告;对委派该导游人员的旅行社给予警告直至责令停业整顿。

第二十四条 导游人员进行导游活动,欺骗、胁迫旅游者消费或者与经营者串通欺骗、胁迫旅游者消费的,由旅游行政部门责令改正,处1000元以上3万元以下的罚款;有违法所得的,并处没收违法所得;情节严重的,由省、自治区、直辖市人民政府旅游行政部门吊销导游证并予以公告;对委派该导游人员的旅行社给予警告直至责令停业整顿;构成犯罪的,依法追究刑事责任。

第二十五条 旅游行政部门工作人员玩忽职守、滥用职权、徇私舞弊,构成犯罪的,依法追究刑事责任;尚不构成犯罪的,依法给予行政处分。

第二十六条 景点景区的导游人员管理办法,由省、自治区、直辖市人民政府参照本条例制定。

第二十七条 本条例自1999年10月1日起施行。1987年11月14日国务院批准、1987年12月1日国家旅游局发布的《导游人员管理暂行规定》同时废止。

江西省旅游条例

(2015年7月30日江西省第十二届人民代表大会常务委员会第十九次会议通过)

第一章 总 则

第一条 为了保障旅游者、旅游经营者及其从业人员的合法权益,保护和合理利用旅游资源,规范旅游市场秩序,促进旅游业持续健康发展,推动旅游强省建设,根据《中华人民共和国旅游法》和有关法律、行政法规的规定,结合本省实际,制定本条例。

第二条 本省行政区域内编制旅游规划、保护和开发利用旅游资源、从事旅游经营与服务、开展旅游活动、实施旅游监督管理,适用本条例。

第三条 旅游业发展应当突出地方特色,坚持政府引导、社会参与、市场运作、行业自律的原则,实现城市乡村旅游相统筹、红色绿色古色旅游相融合、观光度假休闲旅游相促进、社会经济生态效益相统一。

第四条 县级以上人民政府应当加强对本行政区域内旅游业发展的组织领导,将旅游业发展纳入国民经济和社会发展规划,建立健全旅游综合协调机制和激励机制,加大对旅游业的投入和扶持力度,完善促进旅游业发展的政策和措施,规范旅游业管理,优化旅游业发展环境,促进旅游业发展。

省人民政府应当加强本省旅游整体形象的宣传,推进区域旅游一体化建设和旅游产品结构转变,制定旅游产业政策,培育旅游支柱产业,完善旅游综合协调机制,健全旅游质量监督管理体系,促进旅游重大项目和重点区域的协调发展。

第五条 县级以上人民政府旅游主管部门负责本行政区域内旅游业的统筹协调、产业促进、公共服务和监督管理工作。

县级以上人民政府发展改革、工业和信息化、财政、交通运输、住房和城乡建设、国土资源、农业、林业、水利、民族宗教、工商、质量技术监督、公安、安全生产监督、教育、文化、科技、广播电影电视和新闻出版、环境保护、卫生计生、商务等有关主管部门应当按照各自职责,做好旅游业的相关工作。

第六条 各级人民政府应当开展文明旅游宣传教育,倡导和培养健康、低碳、绿色、文明的旅游方式,提升公众文明出游意识。

旅游经营者及其从业人员在旅游经营活动中应当向旅游者宣传文明旅游行为规范,引导旅游者健康、文明旅游。

第七条 依法成立的旅游行业组织应当制定行业规范,实行自律管理,推动旅游业诚信建设。

第二章　旅游者权利与义务

第八条　旅游者的合法权益受法律保护,任何单位和个人不得侵犯。

老年人、残疾人、未成年人、现役军人、全日制在校学生等在旅游活动中依照法律、法规和有关规定享受便利和优惠。

第九条　旅游者在旅游活动中享有下列权利:

(一)对旅游经营者的资质、相关旅游产品和服务及价格享有真实、完整的知情权;

(二)自主选择旅游经营者及服务方式,自主选择旅游项目和商品,拒绝旅游经营者的强制交易行为;

(三)要求旅游经营者依法签订书面合同并全面履行合同;

(四)人身、财产安全和卫生条件得到保障;

(五)人格尊严、风俗习惯和宗教信仰依法得到尊重,个人信息依法得到保护;

(六)合法权益受到损害时,有依法获得赔偿的权利;

(七)法律、法规规定或者旅游合同约定的其他权利。

第十条　旅游者在旅游活动中应当履行下列义务:

(一)遵守法律、法规、规章、社会公共秩序和社会公德,尊重旅游地的文化传统、风俗习惯和宗教信仰;

(二)遵守交通、卫生、安全等旅游管理规定;

（三）爱护名胜古迹、文物和旅游设施；

（四）与旅游经营者发生纠纷维护自身权益时，不得干扰正常的旅游经营活动；

（五）遇到不可抗力和突发事件时，对有关部门、机构或者旅游经营者采取的安全防范和应急处置措施，予以协助和配合；

（六）法律、法规规定或者旅游合同约定的其他义务。

出境旅游者不得在境外非法滞留，随团出境的旅游者不得擅自分团、脱团。

第十一条　旅游者与旅游经营者发生纠纷或者认为其合法权益受到侵害时，可以通过下列途径解决：

（一）双方协商；

（二）申请旅游行业组织、消费者权益保护组织调解；

（三）向旅游、工商行政管理、价格等有关部门投诉；

（四）旅游合同中约定有仲裁条款或者事后达成书面仲裁协议的，申请仲裁机构仲裁；

（五）向人民法院提起诉讼。

第三章　旅游规划与资源保护

第十二条　县级以上人民政府应当按照国民经济和社会发展规划的要求，组织编制当地的旅游发展规划。

旅游发展规划应当与城乡规划、土地利用总体规划、交通规划、环境保护规划以及自然资源和文物等人文资源的保护和利用规划相衔接,与风景名胜区、自然保护区、地质公园、地质遗迹保护区、文化生态保护区、森林公园、湿地公园、历史文化名城名镇名村等规划相协调。编制其他有关规划应当统筹考虑旅游功能,兼顾旅游业的发展。

第十三条 省人民政府旅游主管部门应当会同有关部门编制全省旅游发展规划,报省人民政府批准后实施。

设区的市、县(市、区)人民政府旅游主管部门应当会同有关部门编制本行政区域的旅游发展规划,并征求上一级人民政府旅游主管部门的意见,报本级人民政府批准后实施。

对跨行政区域且适宜整体利用的旅游资源,由共同的上一级人民政府组织编制或者由相关人民政府协商编制统一的旅游发展规划。

第十四条 县级以上人民政府旅游主管部门应当会同有关部门对本行政区域内的旅游资源进行普查、评估和登记,建立旅游资源档案和数据库,根据本级旅游发展规划,组织编制本行政区域旅游专项规划,报本级人民政府批准后实施。

编制旅游发展规划、旅游专项规划,应当通过召开论证会、评审会和听证会等方式,广泛听取有关部门、专家和公众的意见。经批准的旅游发展规划、旅游专项规划向社会公布。

县级以上人民政府应当对本级人民政府批准的旅游规划执行情况进行评估,并向社会公布评估结果。

第十五条 利用自然资源开发旅游项目,应当最大限度地保持自然状况,并采取相应措施,加强对自然资源和生物多样性的保护,保障资源的可持续利用,防止生态破坏。

利用民族文化历史建筑等人文资源开发旅游项目,应当保持其民族特色、地方特色、传统格局和历史风貌,不得擅自改建、迁移、拆除。涉及文物保护和宗教的,按照有关法律、法规的规定办理。

旅游项目开发应当遵守国家和本省节能减排、环境保护规定,不得污染环境。鼓励旅游项目开发和经营者使用新能源、新材料。

第十六条 经国家和本省确定的依托公共资源兴建的旅游景区,应当设立或者明确统一的旅游景区管理机构,跨区域的旅游景区,由共同的上一级人民政府设立或者明确统一的旅游景区管理机构。

旅游资源可以通过委托、租赁、合作、入股等方式,进行统一开发,科学管理。

第十七条 编制旅游专项规划和建设旅游项目,应当依法进行环境影响评价。

县级以上人民政府住房和城乡建设、旅游等主管部门应当按照环境容量和资源承载力,对旅游开发强度实施分类指导和严格控制,加强对资源保护和旅游开发利用状况的监督检查。

第十八条 新建、改建、扩建旅游项目和旅游设施建设应当符合旅游发展规划和专项规划,对市场与产品功能进行合理定位,提高资源开发利用水平和效益,进行差异化开发,避免低水平开发和重复建设。

第十九条 出让国有旅游资源经营权应当遵循公开、公平和公正的原则,依法通过拍卖、招标等方式进行,出让收入按照国家相关规定管理。

第四章 旅游促进与发展

第二十条 县级以上人民政府应当制定并组织实施有利于旅游业持续健康发展的产业扶持政策,改善旅游投资、经营环境,促进旅游业与工业、农业、林业、水利、商业、文化、体育、科教、卫生计生等领域融合发展,推动旅游业与新型工业化、信息化、城镇化和农业现代化相结合。

第二十一条 县级以上人民政府根据旅游业发展需要,可以设立旅游发展专项资金。旅游发展专项资金主要用于旅游规划编制、旅游整体形象宣传、旅游人才培训等。

第二十二条 县级以上人民政府应当按照土地利用总体规划、城乡规划合理安排旅游用地的规模和布局,对符合国家产业政策、有市场前景的旅游项目在年度土地供应中适当增加旅游业发展用地。

第二十三条 县级以上人民政府应当根据旅游业发展需要,统筹安排通往旅游景区的交通项目建设,合理规划建设旅游中转站、旅游客运专线、客运索道等交通设施,推进旅游交通设施无障碍建设与改造;加强景区旅游道路、步行道、旅游集散中心、自驾车营地、停车场、厕所、垃圾污水处理等配套服务设施建设。

交通运输主管部门应当将游客运输纳入综合交通运输体系,合理布局旅游交通线路、旅游公共交通服务设施等;完善道路标识系统,主要交通干线和城市道路规划建设应当包括旅游交通标识、主要旅游景区指示标识牌等内容。

第二十四条 县级以上人民政府旅游主管部门应当会同相关部门建立待开发的旅游建设项目库,引导具有地方特色和文化内涵的旅游项目的投资;为投资者参与本地旅游业的开发和建设,提供信息,帮助协调;对重点旅游区域和带动地区经济、文化发展的旅游建设项目,给予政策支持。

鼓励省外或者境外企业采取参股、兼并、收购或者迁移总部等方式在本省开展旅游经营活动。

第二十五条 县级以上人民政府及其有关部门应当采取措施推动旅游发展方式转型升级,创建旅游精品,培育旅游品牌。

省人民政府旅游主管部门应当会同有关部门编制全省旅游知名品牌名录,引导旅游经营者创建知名品牌。

第二十六条 县级以上人民政府及其有关部门应当消除区域间旅游服务障碍,禁止行业垄断和地区垄断。

县级以上人民政府及其有关部门应当拓展入境旅游市场,按照国家和本省有关规定为境外旅游者提供入出境便利。

第二十七条 县级以上人民政府旅游主管部门及其他有关部门应当因地制宜,综合运用乡村生态景观、生活环境、生产场景以及文化古村、传统村落、人文遗迹、民俗风情等旅游资源,发展乡村旅游。

县(市、区)、乡(镇)人民政府应当将乡村旅游纳入新农村建设、现代农业和城乡一体化发展的整体布局,整合、引导各类资金参与乡村旅游建设,完善乡村旅游公共服务基础设施,加强村容镇貌治理力度,为乡村旅游提供良好的发展环境。

第二十八条 鼓励利用山地、江河、湖泊、温泉等资源,发展观光、度假、养生旅游。

鼓励开展冬令营、夏令营、拓展培训等活动,发展研学旅游。

鼓励开发适宜老年人特点的旅游产品,发展老年旅游。

第二十九条 省人民政府旅游主管部门应当整合全省旅游信息资源,建立统一网站,提供及时、准确的旅游信息。

县级以上人民政府旅游主管部门应当加强旅游信息化建设,建立健全旅游信息库和网络服务平台,实行旅游市场电子信息化动态监管,积极推动网络旅游的发展。

县级以上人民政府旅游主管部门应当在交通枢纽站、商业中心和旅游集散地为旅游经营者和旅游者提供旅游公益性信息咨询服务。

第三十条 县级以上人民政府应当引导金融机构创新发展符合旅游业特点的信贷产品和模式,加大旅游业信贷支持力度。

鼓励和支持省内旅游企业按照国家有关规定面向资本市场融资;鼓励和支持设立旅游业发展投资基金,扩大旅游投融资渠道;鼓励和支持保险机构创新旅游保险产品和服务。

第三十一条 省人民政府旅游主管部门应当会同发展改革、工业和信息化、商务等有关部门制定本省旅游商品发展规划,培育旅游商品开发基地,扶持开发具有地方特色、景区特点及文化内涵的旅游商品,培育旅游商品品牌,促进旅游商品的产业化发展。

第三十二条 省人民政府旅游主管部门应当会同有关部门统筹组织本省旅游整体形象的宣传推广。

县级以上人民政府旅游、商务、教育、文化、广播电影电视和新闻出版等有关部门应当围绕本省旅游整体形象,根据本地区旅游资源的优势和特点,利用各自平台创新宣传营销方式,加强旅游形象宣传。

交通运输、住房和城乡建设等部门应当按照有关规定协助旅游主管部门,在主要交通干线、城市出入口和重要公共场所设置本省旅游整体形象公益广告牌。

鼓励利用境内外博览会、交易会、科技交流、科普宣传等活动,促进旅游宣传营销。

第三十三条　县级以上人民政府应当建立和完善旅游人才培养、引进、使用、评价、激励机制,结合本地区实际制定旅游人才发展规划,发展具有地方特色的旅游职业教育,将促进旅游就业纳入就业发展规划和职业培训计划。

第五章　旅游经营与服务

第三十四条　旅游经营者应当依法取得经营资格,并遵守诚实信用、公平竞争、规范服务的原则。

旅游经营者的合法权益受法律保护,有权拒绝违反法律、法规规定的收费、摊派;有权拒绝旅游者违反法律、法规或者社会公德的要求。

第三十五条　旅游经营者应当严格执行旅游业国家标准、行业标准、地方标准,依法公开服务项目、内容和收费标准。

第三十六条　旅游经营者应当加强对旅游从业人员的职业技能培

训和职业道德教育,提高旅游从业人员的素质。

旅游从业人员应当参加职业技能培训。国家规定必须具有职业资格证的,应当取得相应的资格证书后方能上岗。

第三十七条 旅行社为旅游者提供旅游服务,应当依法与旅游者签订书面合同。鼓励旅行社和旅游者使用旅游主管部门推荐的合同示范文本。合同应当明确约定行程安排、服务项目、服务标准、服务价格、违约责任等事项,不得使用侵害旅游者合法权益的条款。合同约定购物的,应当明确购物场所、购物次数和停留时间。

旅行社转团或者委托其他旅行社履行合同的,应当征得旅游者的书面同意,服务内容及标准不得低于原约定的内容和标准;未征得旅游者书面同意的,旅行社不得擅自并团。

接受委托承担接待业务的旅行社,应当依据委托合同向旅游者提供服务质量告知书。

第三十八条 本省旅行社委托其他旅行社代理销售包价旅游产品,或者接受其他旅行社的委托代理销售包价旅游产品,应当遵守下列规范:

(一)签订委托代理合同,就委托代理销售包价旅游产品事项的内容、形式、代理费及其支付、双方的权利和义务、违约责任、投诉受理机制、应急处置程序等作出约定;

(二)按照本省有关规定向其工商注册地的县(市、区)旅游主管部门办理委托代理合同备案;

(三)向旅游者明示委托代理关系,并按照国家和本省有关规定向旅游者做好有关事项的提示、告知；

（四）代理社与旅游者订立包价旅游合同、收取旅游费用的,应当使用委托社的合同和印章,出具委托社的发票,并在包价旅游合同中载明委托社和代理社的基本信息。

第三十九条　参加导游资格考试成绩合格,与旅行社订立劳动合同或者在相关旅游行业组织注册的人员,可以申请取得导游证。取得导游证,具有相应的学历、语言能力和旅游从业经历,并与旅行社订立劳动合同的人员,可以申请取得领队证。

导游和领队为旅游者提供服务,应当经旅行社委派。旅行社应当对其委派的导游、领队的服务行为承担相应责任。

第四十条　旅游景区景点的讲解人员应当经过职业技能培训。县级以上人民政府旅游主管部门应当加强对旅游景区景点讲解人员的行业指导和监督管理。

第四十一条　旅行社临时聘用导游为旅游者提供旅游服务的,应当签订劳务合同,及时全额支付导游服务费用。

旅行社安排导游为旅游者提供旅游服务的,不得要求导游垫付或者向导游收取任何费用,不得以购物或者自付费项目回扣等非法收入代替导游服务费。

第四十二条　导游、领队从事业务活动,应当佩戴导游证、领队证,遵守职业道德,尊重旅游者的宗教信仰、民族风俗和生活习惯。不得擅自变更旅游行程,不得擅自增加、减少旅游项目或者中止导游活动。

第四十三条　旅游景区实行质量等级评定制度。旅游景区质量等级评定范围、标准和程序以及标识使用,按照国家和本省的有关规定执行。未取得质量等级的旅游景区,不得使用质量等级标识从事经营活动。

第四十四条 旅游景区应当定期公布景区主管部门核定的最大承载量,实施旅游者流量控制,并设置监控系统和分流系统。

旅游者数量可能达到最大承载量时,旅游景区应当向社会公告并向当地人民政府报告,旅游景区和当地人民政府应当及时采取疏导、分流措施。

省人民政府旅游主管部门应当加强对重点旅游景区执行最大承载量情况的监督和检查。

第四十五条 利用公共资源建设的旅游景区景点的门票价格实行政府定价或者政府指导价。实行政府定价或者政府指导价的旅游景区景点拟提高门票价格的,应当依法进行听证,提高门票价格应当提前六个月向社会公布。旅游收费项目应当按规定向社会公示。

不同景区景点的门票或者同一景区景点内不同游览场所的门票设置联票的,联票价格应当低于各单项门票价格之和。旅游者有权选择购买其中的单项票,旅游景区景点不得向旅游者强行出售联票。

旅游景区景点应当按照有关规定,对现役军人、老年人、残疾人、未成年人、全日制在校学生等特定对象减免门票费,并设立明确的标识。鼓励开展优惠、免票活动。

第四十六条 在旅游景区景点内从事旅游商品销售等服务活动的,应当经旅游景区景点管理机构同意,并接受统一管理。任何公民、法人和其他组织不得擅自在旅游景区景点摆摊、设点。

第四十七条 网络旅游经营者应当为旅游者提供真实、可靠的旅游服务信息,并按照国家和省有关规定向旅游者提供经营地址、联系方式、安全注意事项和风险提示等信息。涉及由其他经营者实际提供服务的,应当在相关产品主页面的显著位置标明,并向旅游者提供该经营者的名称、经营地址、联系方式等信息。

通过网络经营旅游交通、住宿、餐饮、游览、娱乐等单项代订业务的,应当选择具有相应经营资质的经营者作为服务提供方。

通过网络经营包价旅游、代理销售包价旅游合同、委托领队或者导游、代办旅游签证(签注)等旅行社业务的,应当取得旅行社经营许可证,并在其网站主页的显著位置标明旅行社经营许可证信息以及经营地址、联系方式等信息。该网站应当与旅游主管部门联网认证。

第四十八条 旅游购物场所经营者应当诚信经营,向旅游者提供有关商品的真实信息,明码标价,公平交易,不得胁迫、欺诈、误导旅游者,不得销售以假充真、以次充好的商品或者以不合格商品冒充合格商品。

旅游者在旅行社安排或者约定的购物场所购买到以假充真、以次充好的商品或者以不合格商品冒充合格商品以及失效、变质商品需要购物场所退换的,旅行社有义务协助旅游者退换;造成损害的,旅游者有权要求旅行社先行赔偿;旅行社赔偿后,可以向旅游购物场所追偿。

第四十九条 为旅游者提供住宿、餐饮、娱乐等服务的经营者,应当符合法律、法规规定的要求,按照合同约定履行义务。

为旅游者提供住宿的经营者,应当遵守国家和本省有关旅馆业管理的规定,为旅游者提供安全、健康、卫生、方便的服务。

为旅游者提供餐饮服务的经营者,应当在经营场所的显著位置标示并向旅游者告知旅游餐饮消费价格,为旅游者提供安全、卫生和质价相符的服务。

利用自有宅基地住宅或其他条件从事餐饮、住宿等农家旅游经营,或者农民专业合作社接受其成员委托,利用成员的自有宅基地住宅或其他条件从事餐饮、住宿等农家旅游经营,应当按照相关旅游标准完善设施,规范管理,提升服务水平。

旅游营业性演出和其他旅游娱乐活动经营者应当遵守国家和本省有关娱乐场所管理规定,不得从事迷信、淫秽、赌博、涉毒等违反法律法规或者违背社会公德、损害民族尊严、违反民族风俗的活动。

第五十条 旅游客运经营者应当按照旅游运输合同提供运输服务。未按照约定路线运输或者擅自变更运输工具,增加运输费用的,旅行社、旅游者有权拒绝支付增加的运输费用;降低服务标准的,应当退还多收的费用。

因不可抗力致使旅游客运延迟运输的,旅游客运经营者应当及时告知旅行社、旅游者,并协商妥善解决。

第五十一条 旅游经营者及其从业人员不得有下列行为:

(一)向旅游者提供的旅游服务信息含有虚假内容或者作虚假宣传;

(二)假冒其他旅游经营者的注册商标、品牌或者质量认证标志,冒用其他旅游经营者的名义从事经营活动；

（三）不履行与旅游者的合同义务或者不按合同约定履行；

（四）向旅游者提供的旅游服务质价不符；

（五）强行滞留旅游团队或者在旅途中甩团、甩客；

（六）胁迫、欺骗旅游者购买商品、接受服务，或者向旅游者索取额外费用；

（七）以营利为目的，未经旅游者同意，擅自拍摄旅游者照片，或者在旅游景点设置影响旅游者游览和自由摄影的设施；

（八）在讲解、介绍中掺杂庸俗下流的内容；

（九）其他损害旅游者合法权益的行为。

第六章　旅游安全

第五十二条　县级以上人民政府统一负责旅游安全工作，县级以上人民政府有关部门依法履行旅游安全监管职责。

第五十三条　县级以上人民政府有关主管部门应当加强旅游交通安全和食品安全的检查，对客运索道、大型游乐设施等旅游场所特种设备依法定期开展安全监察。

旅游区域内发生自然灾害、事故灾难、公共卫生事件、社会安全事件或者其他可能危及旅游者人身财产安全的情形，当地旅游主管部门应当依据有关部门发布的通告，及时、准确地向旅游经营者和旅游者发布旅游安全警示信息。

县级以上人民政府旅游主管部门应当会同有关部门对所辖区域内的旅游安全风险进行监测评估,建立旅游安全预警信息发布制度。

第五十四条 县级以上人民政府应当将旅游应急管理纳入政府应急管理体系,制定应急预案,完善旅游突发事件应对机制。

突发事件发生后,当地人民政府及其有关部门和机构应当采取措施开展救援,并协助旅游者返回出发地或者旅游者指定的合理地点。

第五十五条 旅游经营者应当按照国家和本省有关规定建立安全生产、消防安全、食品卫生管理制度和责任制度,制定应急处置方案,设置安全管理机构或者配备安全管理人员,具备相应的安全生产条件。

旅游经营者应当加强对旅游设施设备的日常维护保养,定期对提供的产品和服务进行安全检验、监测和评估,对旅游从业人员开展上岗前安全风险防范及应急救助技能培训,防范旅游安全事故发生。

旅游经营者组织、接待老年人、未成年人、残疾人等旅游者,应当采取相应的安全保障措施。

第五十六条 旅游经营者应当对具有危险性的旅游场所、路段、设施设备和游览项目设置明显的安全警示标识,就可能危及旅游者人身、财产安全的事宜,以明示的方式事先向旅游者作出说明或者警示。

第五十七条 旅行社需要租用客运车辆、船舶的,应当选择具有相应资质的运输企业和已投保法定强制保险及经安全技术检验合格的车辆、船舶。

承担旅游运输的车辆、船舶,应当配备具有相应资质的驾驶员、船员和具有行驶记录功能的卫星定位装置、座位安全带、消防、救生等安全设施设备,并保持安全设施设备正常使用。驾驶员、船员、乘务员及导游人员应当提醒乘客安全注意事项。乘客应当提高安全意识,遵守安全警示规定,按要求使用座位安全带等安全设施设备。

承担旅游运输的车辆、船舶,不得超载、超速、超时驾驶。

第五十八条 突发事件或者旅游安全事故发生后,旅游经营者及旅游从业人员应当立即采取必要的救援和处置措施,向旅游等有关部门报告,并对旅游者作出妥善安排。

第五十九条 经营潜水、漂流、摩托艇、水上拖曳伞、低空飞行及其他高风险旅游项目的,应当按照国家有关规定取得经营许可。

旅游经营者应当对参与高风险旅游项目的旅游者进行相应的安全培训。

第七章 旅游监督管理

第六十条 县级以上人民政府应当建立健全旅游市场综合治理机制,支持有条件的景区实行综合执法,加强对旅游市场的监督管理。

县级以上人民政府旅游主管部门和有关部门应当按照职责分工,加强对旅游资源保护、旅游规划实施、旅游项目建设、旅游市场秩序、旅游安全、服务质量等的监督管理。

县级以上人民政府有关部门的工作人员进入景区景点依法履行监督管理职责时,旅游经营者及其从业人员不得拒绝、阻碍。

第六十一条 县级以上人民政府旅游主管部门应当会同同级统计

主管部门完善旅游统计指标体系和调查方法,建立科学的旅游发展考核评价体系,开展旅游产业监测。县级以上人民政府旅游主管部门、旅游企事业单位和其他组织应当按照国家和本省有关规定,真实、准确、完整、及时地报送统计信息。

第六十二条 县级以上人民政府旅游主管部门应当会同工商行政等市场监管部门建立公示制度,定期公示旅行社和其他旅游经营者的开业、名称变更、经营范围、服务质量、失信惩戒记录等信息,公布严重违法旅游经营者名单,保障旅游者知情权,促进旅游经营者诚信经营。

第六十三条 县级以上人民政府旅游主管部门应当建立旅游投诉制度,在旅游景区景点公布投诉电话,依法受理和处理旅游者的投诉。旅游主管部门对旅游者的投诉,应当自接到投诉之日起五个工作日内作出受理或者不予受理的决定;不予受理的,应当书面告知投诉者不予受理的理由;经审查,属于其他有关部门处理的,应当及时移送。

旅游主管部门受理的投诉,应当自受理之日起十五个工作日内作出处理决定。情况复杂的,经本部门负责人批准可以延长,但最长不得超过三十日。

第六十四条 县级以上人民政府旅游主管部门应当建立以旅游者满意度为核心的旅游质量评价制度,加强旅游质量监督管理,完善旅游质量社会监督机制。

旅游团队可以推选旅游服务质量监督员,代表本团队全体旅游者对旅游经营和服务质量实行监督,向旅游主管部门反映旅游服务质量的有关问题。

旅游经营者的服务质量不符合相应的服务质量等级标准的,县级以上人民政府旅游主管部门应当责令限期整改;经整改仍不符合要求的,应当降低或者取消其已经授予的质量等级。

第六十五条 旅游行业协会是由旅游经营者自愿参加组成的行业自律性组织,依法经社会团体登记管理机关批准登记成立,并依照法律、法规和章程开展活动。

旅游行业协会应当发挥服务、引导、协调和监督作用,依法维护行业和会员的合法权益和公平竞争秩序,反映行业和会员的合理诉求,制定行业经营规范和服务标准,对其会员的经营行为和服务质量进行自律管理。

第八章 法律责任

第六十六条 违反本条例规定,旅游主管部门或者其他有关部门及其工作人员有下列情形之一的,对直接负责的主管人员和其他直接责任人员依法给予处分;构成犯罪的,依法追究刑事责任:

(一)不执行旅游发展规划和旅游专项规划,造成旅游资源和旅游环境破坏的;

(二)不依法颁发有关旅游经营许可证或者执业资格证的;

(三)违法向旅游经营者收费、摊派或者实施处罚的;

(四)未按法定时限受理、处理旅游投诉或者未按规定移送有关部门的;

(五)不依法履行监管职责,发生重大安全事故或者造成重大损失的。

第六十七条　旅行社违反本条例第三十八条第二项规定,未按照规定向旅游主管部门办理备案的,由旅游主管部门责令改正;拒不改正的,可以处二千元以上五千元以下的罚款。

第六十八条　违反本条例第四十二条规定,擅自变更旅游行程,擅自增加、减少旅游项目或者中止导游活动的,由旅游主管部门责令改正,暂扣导游证三至六个月;情节严重的,由省人民政府旅游主管部门吊销导游证并予以公告。

第六十九条　违反本条例第四十三条规定,旅游景区未取得质量等级而使用质量等级标识从事经营活动的,由旅游主管部门责令改正,处一万元以上五万元以下罚款。

第七十条　违反本条例第四十五条第二款规定,旅游景区景点向旅游者强行出售联票的,由旅游主管部门责令改正,没收违法所得,并处违法所得一倍以上五倍以下罚款。

第七十一条　违反本条例第四十九条第四款规定,从事淫秽、赌博、涉毒等违法活动的,由公安机关按照《中华人民共和国治安管理处罚法》予以处罚;构成犯罪的,依法追究刑事责任。

第七十二条　旅游经营者违反本条例第五十一条规定,按照下列规定承担法律责任:

(一)假冒其他旅游经营者的注册商标、品牌或者质量认证标志,冒用其他旅游经营者的名义从事经营活动;向旅游者提供的旅游服务

信息含有虚假内容或者作虚假宣传的,由市场监管部门依法给予处罚;

(二)向旅游者提供的旅游服务质价不符的,由价格主管部门依法给予处罚;

(三)强行滞留旅游团队或者在旅途中甩团、甩客的,由旅游主管部门责令改正,对旅游经营者处五千元以上二万元以下罚款;

(四)胁迫、欺骗旅游者购买商品、接受服务或者向旅游者索取额外费用的,由旅游主管部门处两千元以上一万元以下罚款;情节严重的,处一万元以上三万元以下罚款。

第七十三条　旅行社违反本条例第五十七条第一款、第二款的规定,使用不符合规定的车辆、船舶承担旅游运输的,由旅游主管部门责令改正,没收违法所得,并处五千元以上五万元以下罚款;违法所得五万元以上的,并处违法所得一倍以上五倍以下罚款;情节严重的,责令停业整顿或者吊销旅行社业务经营许可证;对直接负责的主管人员和其他直接责任人员,处二千元以上二万元以下的罚款。

第七十四条　旅游者扰乱社会公共秩序、破坏旅游资源、损坏旅游服务设施的,应当承担相应的法律责任。

第九章　附　则

第七十五条　本条例自2015年10月1日起施行。2009年7月31日江西省第十一届人民代表大会常务委员会第十一次会议通过的《江西省旅游条例》同时废止。

江西省人民政府办公厅关于进一步加强旅游市场综合监管的通知

赣府厅发〔2016〕21号

省市、县(区)人民政府,省政府各部门:

为贯彻落实《国务院办公厅关于加强旅游市场综合监管的通知》(国办发〔2016〕5号)精神,加快建立权责明确、执法有力、行为规范、保障有效的旅游市场综合监管机制,推进旅游强省建设,经省政府同意,现就进一步加强全省旅游市场综合监管有关事项通知如下:

一、依法落实旅游市场监管责任

(一)强化政府的领导责任。省旅游产业发展领导小组下设省旅游市场综合治理办公室,由省旅发委牵头负责统筹旅游市场综合监管的指导、协调、监督等工作。各级政府要在2016年底前建立健全旅游综合协调、旅游案件联合查办、旅游投诉统一受理等综合监管机制。要进一步落实游客不文明行为记录制度,大力营造诚信经营、公平竞争、文明有序的旅游市场环境,加快形成全省一盘棋的旅游市场综合监管格局。

（二）明确各相关部门的监管责任。按照"属地管理、部门联动、行业自律、各司其职、齐抓共管"的原则,建立旅游行政主管部门对旅游市场执法、投诉受理工作的有效协调机制,明确各相关部门责任。各有关部门配合旅游行政主管部门,做好相关行业指导、协调和督促检查工作。

（三）落实旅游企业的主体责任。各旅游企业要依照法律法规主动规范经营服务行为。旅行社要坚决抵制"不合理低价游"、强迫消费等违法行为。在线旅游企业要遵守公平竞争规则。购物店要自觉抵制商业贿赂。饭店、景区、交通、餐饮等企业要依法保障旅游者出游安全,提高服务品质。各市场主体要积极践行旅游行业"游客为本、服务至诚"的核心价值观,在旅游服务工作中诚实守信、礼貌待客,共同维护旅游市场秩序,让旅游者体验优质服务。

（四）发挥社会公众的监督作用。大力宣传"12301"等旅游服务热线和旅游投诉举报网络平台的作用,鼓励社会各界积极提供各类违法违规行为线索。发挥旅游服务质量社会监督员和旅游志愿者的监督作用,提醒旅游者遵守旅游文明行为公约和行为指南,自觉抵制参加"不合理低价游"。充分发挥旅游行业协会的自律作用,引导旅游经营者注重质量和诚信。强化媒体的舆论监督,支持媒体曝光扰乱旅游市场秩序的典型事件。

二、创新旅游市场综合监管机制

（五）制定旅游市场综合监管责任清单。各设区市政府、各有关部门要在2016年6月底前制定旅游市场综合监管责任清单,通过政府公

江西省人民政府办公厅关于进一步加强旅游市场综合监管的通知

告、政府网站、公开通报等方式,向社会公开旅游部门及相关部门职能、法律依据、实施主体、执法权限、监督方式等事项,加强部门间对旅游市场违法违规行为的信息沟通,强化联合执法协调监管的相关工作机制,提升综合监管效率和治理效果。

旅游部门:依法承担规范旅游市场秩序、监督管理服务质量、维护旅游消费者和经营者合法权益的责任;负责牵头组织对旅游市场秩序的整治工作;负责对组织"不合理低价游"、强迫和变相强迫消费、违反旅游合同等违法违规行为的监管和查处;负责联合相关部门组织查处"黑社""黑导"等非法经营行为;主动配合参与打击涉及旅游行业的"黑车""黑店""黑网"等非法经营行为;负责对涉及其他职能部门职责的投诉及案件进行转办等。

公安部门:以旅游景区、旅游交通站点为重点,依法严厉打击侵害旅游者权益的违法犯罪团伙,及时查处强迫消费、敲诈勒索等违法犯罪行为,维护旅游景区的治安秩序和交通秩序等。

工商部门:依法查处旅游市场中的虚假广告、虚假或者引人误解的宣传、销售假冒伪劣商品、利用合同格式条款侵害消费者合法权益、垄断行为(价格垄断行为除外)、商业贿赂等不正当竞争行为及无照开展旅游业务违法违规行为等。

交通运输部门:负责道路、水路运输市场监管,依法查处违法违规行为;负责对交通运输部门在管养公路沿线范围内依法设置的景区、景点指示牌被遮挡的投诉处理等。

文化部门:负责对旅游演出、娱乐场所文化经营活动等方面的投诉处理和案件查处等。

税务部门:依法承担组织实施法律法规规定的税、费征收管理责任;依照法定职权和程序对从事旅游市场经营的纳税人偷逃税款、虚开发票等税收违法行为严厉查处,涉嫌犯罪的依法移送司法机关处理等。

质量技术监督部门:依法对旅游场所大型游乐设施、客运索道、景区内的场(厂)内机动车和小火车、电梯、锅炉压力容器等特种设备实施安全监察,对涉及特种设备安全的投诉举报及违法违规行为进行调查处理等。

物价部门:负责旅游市场价格行为监管,严肃查处旅游行业经营者不执行政府定价和政府指导价、不按规定明码标价、随意涨价、欺诈宰客、低价倾销,以及达成垄断协议、滥用市场支配地位等问题。充分发挥"12358"价格举报系统的作用,依法受理游客对价格违法行为的投诉举报,切实保护消费者合法权益,整顿规范旅游市场价格秩序等。

商务部门:发挥打击侵犯知识产权和制售假冒伪劣商品工作领导小组办公室的职能作用,协调有关成员单位,针对旅游纪念品市场侵权假冒问题,加大市场监管力度,维护消费者合法权益等。

通信部门:依法对电信和互联网等信息通信服务实行监管,承担互联网行业管理责任;督促电信企业和旅游互联网企业落实网络与信息安全管理责任,配合开展在线旅游网络环境和信息治理,配合处理网上虚假旅游广告信息等。

网信部门(互联网信息办公室):依法清理网上虚假旅游信息,查处发布各类误导、欺诈消费者等虚假旅游信息的违法违规网站和账号等。

民航部门:依法承担江西辖区内航空运输和通用航空市场监管责任;依法查处辖区内民用航空企业侵害航空消费者权益的行为,维护旅游者机票退改签的合法权益;配合旅游部门共同治理辖区内旅游不文明行为等。

人社部门:负责旅游业劳动保障行政管理工作;组织对旅游企业劳动合同、工资支付和相关社会保险的专项执法检查;重点查处旅游企业不与所聘员工签订劳动合同、违规收取保证金、拒付、拖欠员工劳动报酬等违规行为。

国土资源部门:负责地质公园、重要地质遗迹旅游市场秩序的维护和整治;组织对地质遗迹保护、地质公园建设情况专项执法检查;查处破坏重要地质遗迹的违法行为等。

住房城乡建设部门:负责风景名胜区旅游市场秩序的维护和整治;组织风景名胜区的规划、建设情况综合整治;查处景区违规建设和违规经营开发行为等。

水利部门:负责水利风景区旅游市场秩序的维护和整治;对水利风景区保护管理工作进行监督检查等。

农业部门:负责农业生态观光园景区、休闲农业园区旅游市场秩序的维护和整治;对农业生态观光园景区、休闲农业园区保护管理工作进行监督检查等。

林业部门:负责森林公园、湿地公园及森林、湿地和陆生野生动物类型自然保护区旅游市场环境的维护和整治;重点查处乱砍滥伐林木、乱垦滥占林地、乱捕滥猎野生动物、乱采滥挖野生植物违规违法行为等。

环保部门:负责对旅游景区(点)的污染防治及生态保护工作进行监督管理;加强对旅游线路及景区企业排污情况的监测;查处生产经营企业超标排放"三废"污染景区和周边环境,及各类破坏生态环境的违法行为等。

新闻出版广电部门:指导新闻媒体强化对旅游理性消费的引导宣传;积极引导媒体做好"江西风景独好"的品牌形象宣传,引导、鼓励广播电视播出机构播放旅游公益广告等。

民族宗教部门:负责旅游景区(点)宗教活动场所秩序的维护和整治;监督检查旅游景区(点)贯彻国家宗教事务局等十部门《关于处理涉及佛教寺庙道教宫观管理有关问题的意见》精神执行情况;依法重点查处非宗教教职人员及其他人员和单位在依法登记的宗教活动场所内从事"烧高香"等欺骗游客、借教敛财等违法活动;依法重点查处非宗教活动场所开展宗教活动、设立功德箱、接受宗教性捐赠等欺骗游客、借教敛财违法活动等。

食品药品监管部门:负责旅游途经地和景区的旅游餐饮服务单位食品经营许可,组织餐饮服务食品安全专项执法检查;重点查处餐饮无证经营、"两超一非"(超范围超限量使用食品添加剂和食品中非法添加非食用物质)违法违规行为等。

体育部门:负责对在旅游景区内高危险性体育项目活动的管理,负责对违反体育经营活动准入条件和行业标准事项的投诉处理和案件查处等。

（六）推进旅游市场监管标准实施。全面推进旅游业国家标准、行业标准和地方标准的组织实施，加快旅游新业态、新产品管理服务标准的宣传贯彻和我省旅游业地方标准的制定修订工作，使标准化工作适应旅游监管的新要求。持续推进旅游标准化试点工作，全面提升旅游企业和从业人员的管理和服务水平。探索建立旅游标准化管理与旅游市场准入、退出相结合的制度。

（七）推进旅游市场监管随机抽查。各有关部门在职责范围内，规范相关旅游市场秩序执法检查工作，提高监管效能。要配合旅游部门建立旅游市场主体分类名录库和旅游市场主体异常对象名录库，将行业市场秩序监管与各部门诚信体系建设结合起来，及时公布相关市场秩序监管情况。综合运用行政处罚、信用惩戒等措施，加大对违法失信行为的惩处力度，强化随机抽查威慑力，引导相关市场主体自觉守法。

（八）建立健全旅游诚信体系。加快建立旅游行业失信惩戒制度和旅游信用信息公示制度。建立旅游市场主体信用档案，与省公共信用信息平台对接，并将旅游行政主管部门作出的行政许可和行政处罚信息，在省公共信用信息平台予以公示。定期发布旅游经营者和从业人员旅游经营服务失信记录，提高旅游行业公开度和透明度。依托全省统一的信用信息平台，加强信息互通，建立失信企业协同监管和联合惩戒机制，打击旅游失信行为，营造诚信旅游、放心旅游的和谐氛围。

（九）推进综合监管体制改革试点。要根据深化行政管理体制改革的精神，创新执法形式和管理机制，加快理顺旅游执法机构与政府职能部门职责关系,提高旅游综合监管水平。按国家要求,在2016年底前将旅游市场执法列入综合行政执法体制改革试点。

(十)加强执法与司法相衔接。加强相关部门间的执法协作,建立旅游市场执法机构与公安机关案情通报机制,及时查处侵害旅游者权益的违法犯罪行为。主动引导旅游者通过司法、人民调解等途径解决纠纷,提升旅游者依法维权、理性消费的能力。

三、全面提高旅游市场综合监管水平

(十一)加强旅游普法工作。各地、各有关部门应加强《中华人民共和国旅游法》和《江西省旅游条例》等法律法规普法宣传教育,加强对旅游市场综合监管人员的法律法规和执法程序培训,加大对旅游从业人员的依法经营培训力度,使其准确把握法律法规主要内容,牢固树立依法兴旅、依法治旅的观念和意识,提醒广大旅游者理性消费、文明出游。

(十二)加强对旅游市场综合监管的监督。各地、各有关部门要将旅游市场秩序整治和服务质量提升工作纳入政府质量工作考核。对接到旅游投诉举报查处不及时、不依法对旅游违法行为实施处罚的,对涉嫌犯罪案件不移送的,以及在履行监督管理职责中滥用职权、玩忽职守、徇私舞弊的,要依法依纪追究有关单位和人员的责任;构成犯罪的,依法追究刑事责任。

(十三)严格规范旅游执法行为。各地、各有关部门要建立健全旅游市场综合监管的长效机制,对重大处罚决定建立合法性审查机制。对影响旅游市场秩序的重大事件要实行督办问责制度。

四、提高旅游市场综合监管保障能力

（十四）健全旅游市场综合监管协调机制。建立健全旅游执法机制，强化旅游质监执法队伍建设，承担受理旅游投诉、开展旅游服务质量现场检查和旅游行政执法工作。省旅发委负责指定机构受理全省旅游投诉工作，向社会公开投诉电话，承担向有关部门或地方政府转办、跟踪、协调、督办旅游投诉处理情况的职责。按国家要求，各级政府要在2016年底前建立或指定统一的旅游投诉受理机构，实现机构到位、职能到位、编制到位、人员到位，根治旅游投诉渠道不畅通、互相推诿、拖延扯皮等问题。

（十五）加强旅游市场综合监管基础保障。各级政府要积极做好执法经费保障工作。利用旅游大数据开展旅游市场舆情监测分析工作，提升统计分析旅游投诉举报案件数据的水平。建立旅游市场综合监管过程记录制度，切实做到严格执法、科学执法、文明执法。

（十六）提升旅游市场综合监管能力。各级政府要加强对基层旅游市场综合监管人员的培训。所有旅游市场综合执法人员须经执法资格培训考试合格后方可执证上岗，全面提高执法能力和水平。

各地、各有关部门要充分认识进一步加强旅游市场综合监管的重要意义，切实强化组织领导，积极抓好工作落实。省旅发委要会同有关部门加强对本通知落实情况的监督检查，重大情况及时向省政府报告。

江西省人民政府办公厅
2016年4月22日

后 记

《江西省旅游者权益保护条例》(以下简称《条例》)于2019年11月27日经省十三届人大常委会第十六次会议审议通过,2020年1月1日起正式实施。这是全国第一部旅游者权益保护的地方性法规。《条例》的出台,标志着江西省旅游法治建设取得新的重要成果,标志着江西省依法治旅将取得新的突破。

为了进一步学习宣传好本《条例》,帮助广大的旅游者、旅游经营者准确把握《条例》的精神实质,同时也为今后贯彻实施好旅游者权益保护相关工作,我们组织了全程参与该法规草案调研、起草工作的省人大常委会法工委、省司法厅、省文化和旅游的相关专家和有关人员,将起草、审议中遇到的问题、解决问题的思路进行了归纳总结,对《条例》的立法背景、立法宗旨等进行了详尽阐述,对《条例》的条文逐一进行了解读。

参加本书编写的人员:邓泽洲、黄立虎、方桂梅、刘晓军、张爱辉、万波、李志强、曹国新、曾本珺,由邓泽洲、黄立虎、张爱辉统稿。

后　记

由于水平有限,本书如有疏漏、不当之处,恳请读者批评指正。

编　者
2020 年 3 月

图书在版编目(CIP)数据

《江西省旅游者权益保护条例》释义/《〈江西省旅游者权益保护条例〉释义》编委会编著. —南昌:江西人民出版社,2020.4

ISBN 978-7-210-12228-9

Ⅰ.①江… Ⅱ.①江… Ⅲ.①地方旅游业-法规-法律解释-江西 Ⅳ.①D927.560.229.65

中国版本图书馆CIP数据核字(2020)第070900号

《江西省旅游者权益保护条例》释义

《〈江西省旅游者权益保护条例〉释义》编委会 编著

责任编辑:邓丽红
封面设计:小尉
出版:**江西人民出版社**
发行:各地新华书店
地址:江西省南昌市三经路47号附1号
编辑部电话:0791-86898702
发行部电话:0791-86898815
邮编:330006
网址:www.jxpph.com
E-mail:jxpph@tom.com web@jxpph.com
2020年4月第1版 2020年4月第1次印刷
开本:787毫米×1092毫米 1/16
印张:14
字数:140千字
ISBN 978-7-210-12228-9
赣版权登字—01—2020—153
版权所有 侵权必究
定价:36.00元
承印厂:南昌市红星印刷有限公司
赣人版图书凡属印刷、装订错误,请随时向承印厂调换